結成10周年！

鉄道BIG4の旅

Temjin

はじめに

中川家礼二、吉川正洋、岡安章介、南田裕介の4人による「鉄道ＢＩＧ４」。彼らが出演する、日本テレビ系バラエティー番組「笑神様は突然に……」がスタートしたのは２０１３年のことです。なかでも「鉄道ＢＩＧ４」のコーナーは人気が高く、放送を待ちわびるファンも多いといいます。

ところが、新型コロナウイルスの感染拡大の影響で鉄道旅はままならず、テレビで「鉄道ＢＩＧ４」の姿は見られなくなりました。しかし、彼らは結成10周年という節目の年にロケを再開し、3年ぶりに番組に戻ってきました。鉄道界の人気4人組が一堂に会して、単行本に初めて登場します。

笑神様は
突然に…

「鉄道BIG4」とは

メンバー全員が鉄道系の番組を持っていたことから、「お笑いBIG3」をもじって、礼二さんが命名。第1回（2013年1月1日）の放送は、チーム「鉄道マニア」と呼ばれていたが、番組のなかで礼二さんは「鉄道BIG4」と言っている。同年10月25日の放送から、正式に「鉄道BIG4」が採用された。

なかがわけ・れいじ

1972年生まれ。大阪府出身。兄の剛と共に「中川家」を結成し、2001年のM-1グランプリ初代チャンピオンに。筋金入りの鉄道ファンとして知られ、マニアックな車掌モノマネなど鉄道ネタも多い。NHK「鉄オタ選手権」MCほか、BS日テレ「友近・礼二の妄想トレイン」など、数多くの鉄道関連番組に出演している。

よしかわ・まさひろ

1977年生まれ。東京都出身。長崎トモヒコと共にお笑いコンビ「ダーリンハニー」で活躍中。鉄道大好き芸人として、鉄道ネタのコントや漫才も披露している。NHK「鉄オタ選手権」や、CS鉄道チャンネル「新・鉄道ひとり旅」などに出演。著書に『ダーリンハニー吉川の全国縦断鉄博めぐり』がある。

おかやす・あきよし

1979年生まれ。埼玉県出身。2000年に土谷隼人、下池輝明とお笑いトリオ「ななめ45°」を結成する。鉄道好きを生かした鉄道ネタで注目を集め、鉄道イベントなどにも数多く出演。撮り鉄としても広く知られている。愛犬に“モハ”と名付けた。YouTubeチャンネル「ななめ45°の45ch（ちゃん）!!」更新中。

みなみだ・ゆうすけ

1974年生まれ。奈良県出身。静岡大学卒業後にホリプロに入社。現在、ホリプロのスポーツ文化部でアナウンスルーム副部長。鉄道好きの趣味を生かして「タモリ倶楽部」や「鉄道発見伝」などの番組、テレビ、ラジオ、鉄道関係のイベントにも多数出演している。3冊目の著書『南田裕介の鉄道ミステリー』（天夢人刊）が好評発売中。

目次

※本書に登場する列車は、現在、運行されていないものも含まれています。また、列車の運行形態が本書の記載と異なる場合もあります。ご乗車の際は、事前にホームページなどでご確認ください。

3年ぶりのロケ(P.12-19)で乗った列車

西九州新幹線 かもめ

ふたつ星4047

島原鉄道

鉄道BIG4と行く10周年旅

3年ぶりのロケ復活!
常盤貴子と行く
佐賀・長崎の旅

全国の鉄道を訪ねる「鉄道ＢＩＧ４」が、帰ってきました!
3年ぶりに行われたロケ地は、新しい新幹線が開業したばかりの九州。
さて、鉄道ＢＩＧ４の面々はどんな旅をしたのでしょうか。

3年ぶりのロケに大物ゲスト登場！

ゲストにまさか、まさかの常盤貴子さんが登場しました！　常盤さんは鉄道ではなく〝鉄〟が好きという、新手の鉄オタです。思わぬ美人の登場で、メンバーも宮川大輔さんも色めきだちます。

常盤貴子さん

3年ぶりに、ロケに参加する鉄道BIG4

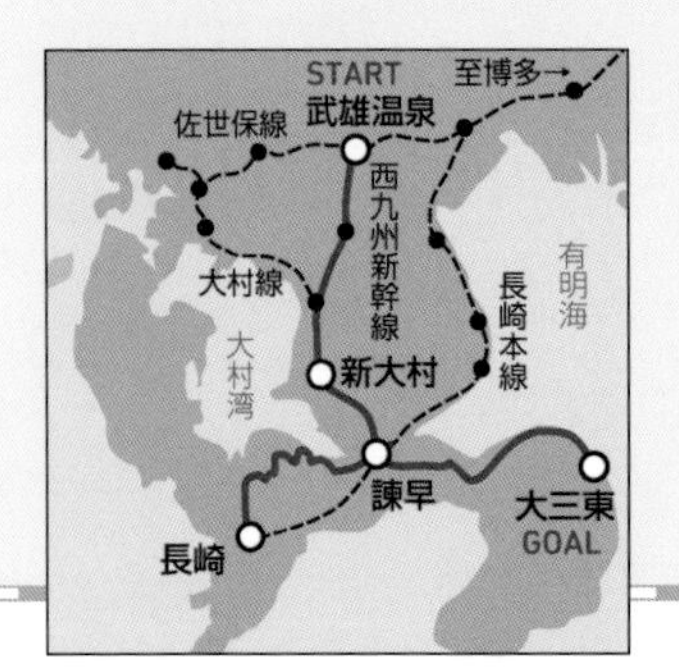

放　送：2023年1月29日（日）
冬の2時間SP

出演者：宮川大輔、中川家礼二、
吉川正洋、岡安章介、南田裕介

ゲスト：常盤貴子

10年前

南田裕介

ちょっと
老けたね

岡安章介

痩せてるね

無視すんなや
相変わらずやな～

宮川大輔

吉川正洋

漫才の先生
みたいに
なってるね

中川家礼二

武雄温泉駅発→諫早駅着

昨年開業した西九州新幹線「かもめ」に乗る！

最高速度260キロで走る！

6両編成の西九州新幹線N700Sは、武雄温泉〜長崎間66kmを最短23分で結ぶ

車体の白と赤が映える！

武雄温泉駅11番ホームに到着した「かもめ」

フルメンバーによるロケは西九州新幹線からスタート

ゲストの常盤貴子さんは鉄道BIG4のファンで、念願叶っての出演だ。実は彼女、鉄そのもの、素材としての鉄を愛している。愛用のスマートフォンには鉄塔など〝鉄〟写真が多く保存され、鉄道関連では鉄橋やレールをよく見るという。

一行は、佐賀県の武雄温泉駅前に集合。2023年9月23日に開業した西九州新幹線「かもめ」に乗る。ホームに上がってからも常盤さんになんとか気に入ってもらおうと、しきりに鉄の話題を振る鉄道BIG4だが、大輔さんに「焦っている、ことごとく外している」と、指摘される。「かもめ」に乗り込み、モダン&クラシックテイストの車内を堪能していると、進行方向右手に海が望めた。

N700S「かもめ」がホームに入線すると、いっせいに持参のカメラやスマートフォンで、本気の記念撮影が始まる

海側の席を譲ってもらったが、常盤さんが見ているのは海ではなく延びるレールだった

「かもめ」は水戸岡鋭治氏がデザイン。車内は自然に還る素材が使われ、座席の背面は木材を使用している

今回乗った列車①

西九州新幹線 かもめ

西九州新幹線に用意された車両は、東海道・山陽新幹線の最新鋭N700Sを西九州新幹線向けに仕様を改めた8000番台である。編成は6両と短いので、全車が電動車となっている。デザインはJR九州の多くの車両を手がけている、水戸岡鋭治（みとおかえいじ）氏が担当した。車体は白地に、JR九州のコーポレートカラーである赤を配色。指定席は横2＋2列席（自由席は2＋3）が配され、グリーン車はない。座席生地の柄は号車ごとに異なり、3号車にはバリアフリー対応設備が設けられている

ロゴはJR九州の青柳俊彦会長が揮毫（きごう）した

かもめ
KAMOME
NISHI KYUSHU SHINKANSEN

カッコいい～！

西九州新幹線と同時に登場した「ふたつ星4047」。パールホワイト地に、ゴールドのラインとロゴを配した

3両編成で運行される「ふたつ星4047」。長崎本線経由（有明海）と大村線・佐世保線経由（大村湾）のコースが用意されている

諫早駅発→長崎駅着

超豪華な観光列車「ふたつ星4047」に乗る！

豪華観光列車で大村湾を愛でながら長崎へ

諫早（いさはや）駅で新幹線を下車した一行は、ここから長崎駅まで最新の観光列車「ふたつ星4047」に乗車する。

車両がホームに滑り込むと、全員が大興奮。大きな窓越しに車内を見ると、その豪華さに目を見張るが、車内に入ってさらに驚いた。木をふんだんに使った美しい内装や簾（すだれ）調の日除け、大きな窓を向いた2人用席などが魅力。

さらに、2号車の「ラウンジ40」は乗客なら誰でも利用できるスペースで、飲料・土産物を販売するカウンターもある。ここで南田さんは「長崎スフレ」をすすめる。ところが空腹の大輔さんはそばをリクエストして、礼二さんがエアそばを振る舞った。

長崎駅に到着すると常盤さんはひとり離れ、ホーム上屋の鉄骨を撮影。

入線してきた「ふたつ星4047」の開業は「かもめ」と同日。人気が高く、きっぷの入手は超困難だ

まるでホテルにいるかのような豪華な「ラウンジ40」。乗客なら誰でも利用できることがうれしい

車両肩部に障子を設けて、直射日光を避ける工夫が見られる。こうしたデザインに、常盤さんは感心しきり

今回乗った列車②

ふたつ星4047

「西九州の海めぐり列車」をコンセプトに登場した観光列車。佐賀県と長崎県を「ふたつの星」として、使用車両のキハ40・47から「4047」と名付けられた。1・3号車は、吉松～鹿児島中央間特急「はやとの風」、2号車「ラウンジ40」は、人吉～吉松間特急「いさぶろう・しんぺい」の予備車を改造した。金～月曜・祝日を中心に、午前が武雄温泉発（長崎本線経由）長崎行き、午後が長崎発（大村線経由）武雄温泉行きとなっている。

レモンの香りがします！

限定30個の「長崎スフレ」。仕上げはフルフルと揺れる上部へ粉砂糖をふりかけて、さあ召し上がれ！

有明海沿いを走る「ふたつ星4047」

大村湾沿いを走る「ふたつ星4047」

お待ちかねの昼食は長崎の老舗中華店で

円形テーブルに3人ずつ座って、長崎名物を堪能する。食後は、10年間のあゆみをVTRで振り返った

創業96年の老舗中国料理店で、遅めの昼食をとる。長崎の中華街を代表する名店は、地元の方にも人気がある

長崎名物をいただきながら10年間の名場面を振り返る

昼食は長崎市内の中華街で、長崎名物のちゃんぽんと皿うどんを食す。おいしい料理をいただきながら、鉄道BIG4のこれまでを振り返る映像が流れた。彼らがこの10年間で乗車した列車は、なんと延べ100本以上！

紹介された名場面は、①オープニング恒例、大輔さんのヒップアタックが初めて炸裂した東急元住吉（もとすみよし）駅。②新京成電鉄で、礼二さんが駅員を完璧にコピー。③京都鉄道博物館の屋上で、礼二さん演出で芳根京子さんの番宣映像を撮るが、通過列車の音に邪魔される、などなど。

そして、今回は常盤さんが出演した映画の告知を撮るという即興コントも。ここでも礼二さんは嫌味な演出家を演じ、一同大爆笑だった。

諫早駅発→大三東駅着

島原鉄道の幸福の黄色い列車に乗る！

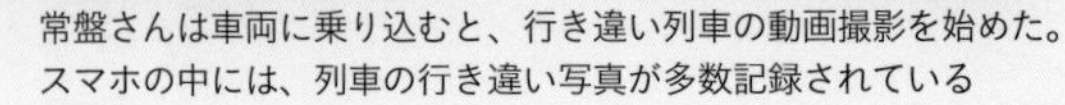

常盤さんは車両に乗り込むと、行き違い列車の動画撮影を始めた。スマホの中には、列車の行き違い写真が多数記録されている

駅に黄色いハンカチをかけることは、町おこしの一環で始まった。何百枚ものハンカチがいっせいにたなびくシーンは壮観

ローカル線で大三東駅へ黄色いハンカチがたなびく

後半は諫早駅に戻り、九州を代表するローカル線、島原鉄道に乗る。幸福の黄色い気動車に乗ると、さっそく常盤さんが最後部にかぶりついた。長く延びるレールが〝鉄好き〟の心をくすぐるようだ。列車がすれ違うシーンを愛用のスマートフォンで撮影。鉄道BIG4は静かに見守るばかりだった。

車内で鉄道談義に花を咲かせていた一行は、目的地の大三東（おおみさき）駅で下車。ここは満潮時にホームの真下にまで海水が押し寄せる〝最も海に近い駅〟のひとつとして知られている。願いを書いた黄色いハンカチをホームに掲げるシーンは、往年の名作映画をほうふつさせる。全国的に話題となり、人気が定着。ロケはここで終了かと思いきや、実は、ある企画が用意されていた。

満潮時は、ホームの奥がエメラルドグリーンに彩られる

島原鉄道のキハ2500系が大三東駅に到着

今回乗った列車③

島原鉄道

諫早～島原港間43.2kmの非電化路線を営業する。かつては加津佐駅まで78.5kmを擁していたが、1991年の雲仙普賢岳噴火で不通区間が発生。さらに経営難を抱えたことから、2008年に赤字の約8割を占めた島原外港（現・島原港）～加津佐間を廃止した。日中は1時間に1本の運行が確保され、土・日曜・祝日を中心に観光列車「しまてつ カフェトレイン」、自転車を持ち込める「サイクルトレイン」の運行なども行われている。トイレも完備されている。

島原半島を有明海沿いに路線を延ばす島原鉄道。風光明媚な区間が連続する

©Masaki Kanamori

突然こんな怪しいチラシが配られ、果たして応えてくれる方がいるのか心配だった。が、温かいもてなしを受け、メンバーは大感激

サプライズ企画は果たして成功するのか

最初に迎えてくれた酒屋さんでは、地元の食材をふんだんに使ったごちそうが用意されていた

黄色いハンカチを探しに街へ人々と楽しくふれあった

大三東駅でスタッフから発表された企画は〝鉄道ＢＩＧ４に会いたい方は、黄色いハンカチを玄関などに飾ってください〟というもの。駅周辺の約50軒にチラシを配ったものの、ハンカチが1枚もなかったら……との不安を抱えながら、一行は駅を出た。

黄色いハンカチは、なかなか見つからない。「自信を失って東京へ帰ることになる」と、礼二さんがこぼしたそのとき、吉川さんが酒屋に飾られた黄色いハンカチを発見！　訪問すると、ものすごいごちそうが用意されていた。

さらに、ハンカチ探しを続けたところ、理容店で黄色いハンカチを発見！　営業中の店内にお邪魔した。その後もハンカチを発見し、鉄道ＢＩＧ４は町の人とふれあうことができた。

「鉄道BIG4」のすべて

鉄神様に愛される4人の素顔に迫る

番組ロケやスタジオ収録以外で、初めて4人が勢ぞろい。笑神様ならぬ鉄神様を降臨させてしまう、四者四様の個性が光る「鉄道BIG4」の素顔とは！

Q1
なんと2歳で鉄道に目覚めました

Q4
「サンライズ」は御用達！

鉄道に関する8つの質問に答えてもらいました！

Q1 鉄道との最初の出合い（最初の記憶）は？

Q2 一番好きな列車（or鉄道）とその理由

Q3 一度は乗ってみたい列車（or鉄道）とその理由

Q4 復活させたい路線とその理由

Q5 鉄道関係で仕事に就くとしたら何をやりたい？

Q6 手持ちの鉄道関連の一番のお宝は？

Q7 1週間の休暇が急にとれたら、どの列車（or鉄道）に乗ってどこに行く？

Q8 鉄道旅の七つ道具（必ず持参するもの）は？

Q5
現場じゃないけど「スジ屋」さん

Q8
焼酎ハイボールは欠かせない！

中川家礼二（中川家）

なかがわけれいじ

絶対的なエースストライカー

「鉄道BIG4」の最年長にしてリーダー的存在である、中川家礼二さん。

路線・列車と時間を縦横無尽に駆けめぐる「笑神様」のオンエア映像のなかでもいつも、ほかの出演者の振りを受けた礼二さんの返しギャグはピンポイントで、視聴者の心にしなやかに突き刺さってくる。そこには〝エース〟としての存在感が、確かに備わっている。

座談会でも、節目節目のタイミングで的確なギャグを飛ばしてくれた。そこに余分な言い回しは入っていない。発せられる言葉の一つひとつは、おそらく礼二さんの頭の中で磨きこまれ、選び出されたものなのだろう。

一方で、メンバーの誰かに発言が少ないなと感じた瞬間、「吉川くんは？」「岡安くんは？」「南田くんは？」の問いかけがはさみ込まれてくる。そこから再び会話のキャッチボールが、生き生きと展開され始めた。

礼二さんが繰り出すギャグには絶対的な決定力と、周囲の状況を見定めながらチーム全体の動きを統率して前へ進めていく、強いリーダーシップが感じられる。

A1

実家が京阪沿線やったんで、小学校2、3年生の京阪電車ですね。初めて先頭車両に行って前からの車窓を見て、鉄道が好きになりました。

A2

いまの時期でタイムリーなら「サフィール踊り子」、個室とかあるよね。鉄道としての「一番」なら新幹線になってしまうやろね。

A3

そりゃもうほんまに豪華列車、「ななつ星」「四季島（しきしま）」「瑞風（みずかぜ）」やね。死ぬまでに乗りたい。当たるかわからんけど、「四季島」は申し込んだし。

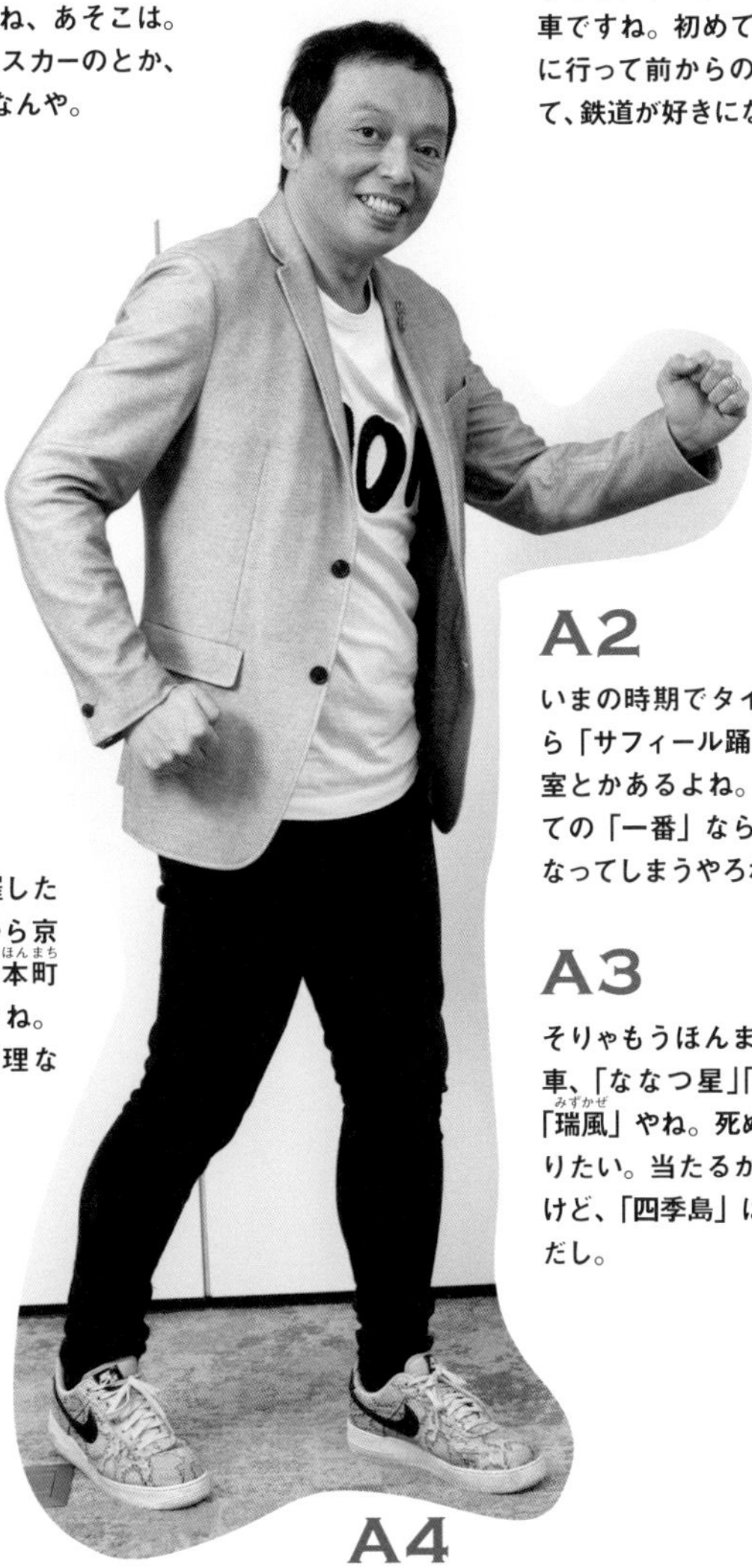

A4

寝台急行「銀河」やね。いい時間帯やし、絶対乗りたかった。大阪〜東京間で乗れる東海道本線の寝台列車、いまは「サンライズ」の上りしかなくなったから。

A5

みどりの窓口の係員やね。いまだにどきどきするゆうか、興奮するね、あそこは。小田急ロマンスカーのとか、窓口って好きなんや。

A6

意外とボールペンとか、うれしいな。いま持って歩いてんのは近鉄の「青の交響曲（シンフォニー）」。鉄道会社系のって、持ちやすいし書きやすいね。

A7

関東近郊の鉄道、網羅したいね。まず、東京駅から京葉・武蔵野線で府中本町（ふちゅうほんまち）行くやつで、ぐるっとね。JR3日・私鉄4日で無理なく回れそう。

A8

最低限のもんが入る“たすき掛けカバン”。今日のカバンもそうやけど、両手は開けたい。鉄道旅するときに、手でカバン持ったりとか絶対にいややん。

吉川正洋（ダーリンハニー）

よしかわまさひろ

冷静沈着な最高のパス出し役

「鉄道ＢＩＧ４」のなかで、最初は自分の〝役割〟が見えなかったという、吉川正洋さん。鉄道知識では南田さん、芸人としては礼二さん。豪放・強烈なシュートを放つ２人がいるので、勝てないなと……。だったらそこへ、いいパスを出すアシスト役に徹することにし、また、そんな役割も好きだという。

実際、「笑神様」でオンエアされた「鉄道川柳」などの人気企画、クイズ問題のセレクトなどは、吉川さんの提案によるものが多い。

鉄道ネタで南田さんがうまくしゃべれないとき、それを引き取って３秒でまとめてくれるのが吉川さん。台本でも、キーワードの多くは吉川さんが任されている。

吉川さんには、一つの思いがあるという。「鉄道に興味のない人に鉄道のよさを伝えて、楽しんでもらいたいということ」。そんな吉川さんの姿勢を、南田さんは〝接待鉄の達人〟と称する。

なにかとうるさい鉄道好きな人々の間でも、「笑神様」の発言に対する評判は高い。それには確かに、冷静沈着に聞こえる吉川さんの言葉の選びよう、与えてくれる情報の的確さが大きく貢献している。

A1

2歳のときに成城学園前と喜多見の間の跨線橋から見た、小田急最初のロマンスカーSE（3000形）です。すごいオーラを感じました。

A2

ロマンスカーVSE（5000形）が好きです。デビューして10年も経過してるのに、古びない感じがして、“超名車”だって思いますね。

A3

近鉄特急「ひのとり」。まだ乗ったことがなくて、プレミアム車両に乗りたい。関東からだと、あっちへ行く機会がなかなかないですから。

A4

「北斗星」。ブルートレインは復活してほしい。デビューした中学生のときに、乗ったんですよね、食堂車も久々に体感したいですしね。

A5

昔の車掌さん。いまは自動音声になっちゃいましたけど、アナウンスも全部やってましたから。くせがある方も多かったですね。

A6

「タモリ倶楽部」の「東急クイズ」で優勝してもらった、代官山の地下現場の工事中に掘り出された石。家宝として飾ってあります。

A7

北海道ですかね。稚内から函館まで、ちょうどいいくらいで、いま行っておかないとね。全部乗ってるんですけど、改めておさらいしたい。

A8

MAKAVERIC製リュック（丈夫でいい！）

マッサージボール

いまかけているのとまったく同じめがね

妄想鉄道「吉川急行電鉄」タオル

SONY製コンパクトカメラ

岡安章介（ななめ45°）

おかやすあきよし

愛すべき末っ子・4男坊

「焼酎ハイボール」をこよなく愛する岡安章介さんは、「鉄道BIG4」における自分の立ち位置を「末っ子の4男坊」と分析する。

例えば、番組の房総ロケの際に「ここは、なんとか一発かまさなきゃ」と、張り切って白ワインをがぶ飲み。その瞬間に「はい、OKです！」と、ロケは終わってしまった。

もちろん、マジで酔っ払ってしまった岡安さん。ロケも関係なしに、コンビニに寄ってお酒を買う姿もよく見られる。

また、「ドッキリ」の餌食にさせられる演出も多い。京都ロケでは、奥さんがメイク担当に変装してこっそり同行。岡安さんのネタ出しのすべてを見守った。

しかし、「岡ちゃんが全然ウケてない」「すべっちゃった……」などというつぶやきを繰り返しながら、最後は大泣きというシーンがオンエアされた。奥さんのけなげな姿は、お茶の間の涙も誘った。

実は、いろんな企画を持ち込んで収録はされるが、なぜだか番組ではカットされることが多いという。オンエアされないだけで、常に企画を持ち込む。視聴者に伝わらないのが残念だが、それが岡安さんの愛すべき人柄なのかもしれない。

愛すべき4男坊の〝大ヒット企画〟を、心待ちにしているファンは少なくない。

A1

幼稚園に入る前。引っ越ししたマンションが東北本線（宇都宮線）尾久駅の目の前だったので、たぶんそのときに初めて鉄道を見ました。

A2

デビューのとき携わらせてもらった、西武の001系「Laview（ラビュー）」です。試乗会で車掌さんをやらせていただいたし、ブルーリボン賞も取ったし。

A3

JR西日本の夜行列車「WEST EXPRESS（ウエスト エクスプレス）銀河」。デビューが9月11日で、ぼくの誕生日の前の日。誕生日にも運転されるんで。

A4

乗ってないので、「トワイライトエクスプレス」。改造車とは思えないかっこよさ。「笑神様」のロケ中、富山で見送りましたね。

A5

ピンポイントで、小田急ロマンスカーの運転士さん。上に行って、コクピットに入った姿勢がかっこよくて。制服もほかの電車のと違いますしね。

A6

三軒茶屋駅前駅～砧公園駅間の妄想鉄道「岡安新都市交通株式会社」のロゴステッカーです。業者に発注して、作ってもらいました。

A7

山陰地方を全部乗りつぶしていきたいですね。「サンライズ」でぽーんと行っちゃって、そこからちょこちょこ回って、戻ってくる。

A8

New Daysで買ったタカラ「焼酎ハイボール」〈大分産かぼす割り〉7%（ここにはないけど）

南田裕介（ホリプロマネージャー）

みなみだゆうすけ

実はわがままな影の番長

「鉄道BIG4」のメンバーは、南田さん以外は全員が芸人。そこに、スーツ姿のサラリーマンがいることが面白い。

ご存じのとおり、南田裕介さんの〝本業〟は、ホリプロのマネージャー。なのに「笑神様」では、人気女優・早見あかりさんを部下役に鉄道ミステリードラマの主役を演じるなど、重要な立ち位置を務めている。

鉄道に関しては、わがまま言い放題だと、自分を評する南田さん。「笑神様」に限らず、いろんな番組でも、実は同じようにふるまっているという。

ロケは食べ物の楽しみもあるのに、南田さんの場合は、とにかく鉄道。バラエティー番組では絶対にNGのはずなのに、なぜだか「笑神様」ではOKなケースがほとんど。

それが許されるのは、南田さんの鉄道知識の絶対的な豊富さに加え、穏やかな人あたりに潜む生真面目さを、すべての出演者・スタッフが理解しているからだろう。

南田さんが敷いたレールの上を、超特急「笑神様号」は、これからも走り続けていく。

A1

4歳ぐらいのとき。近鉄の平城駅が最寄り駅で大和西大寺駅が近くだったんですけど、近くを通る近鉄電車を見て好きになりました。

A2

東急8500系でしょうかねぇ、半蔵門線乗り入れの。まさに今日のこの日の19時12分現在の神保町（座談会場）では。明日になったら違ってるかもですけど……。

A3

貨物、貨物、貨物列車、もしくは「スーパーレールカーゴ」に乗りたい！ できれば青函トンネルを。あとは海外の鉄道で、国境を越えたい。

A4

西鹿児島（現・鹿児島中央）駅に13時過ぎに着く、寝台特急「はやぶさ」。同じ寝台料金を払うなら、朝起きてからの時間が長いほうがいいと思うんですよね。

A5

中学2年生ぐらいからずっと、ダイヤを引く人、「スジ屋」に憧れてますね。現場の最前線じゃないですけど、それで構いません。

A6

サボです。国鉄奈良駅のフェスティバルで、 親に1500円で買って貰ったんですけど。表が「名古屋〜奈良」で裏が「奈良〜亀山」です。

A7

鉄道最北端の稚内駅から、最南端の西大山駅や枕崎駅まで。一気に乗って行きたいです。

A8

文庫本（推理小説が多い。読まないけど持っていきます）

スタンプノート（集めてます）

キャップ（夏に撮り鉄する際に必携）

切手（旅先から絵葉書を送る）

タコ足（新幹線のコンセントで2つ以上を充電できる）

座談会（P.32-51）に登場する そのほかの列車

相模湾沿いに走る江ノ島電鉄300形

京成電鉄AE形「スカイライナー」

JR東日本の185系特急「踊り子」

弘南鉄道を除雪するキ100形

「ななつ星in九州」のDF200形7000番代と77系客車

南海電鉄の50000系「ラピート」

山陽本線の瀬野～八本松間（セノハチ）で貨物列車を後押しするJR貨物のEF67形

いすみ鉄道のいすみ350形

4人の話は複々線！

鉄道愛を語る座談会トーク

鉄道BIG4が一堂に会して、単行本に登場するのは初めてのこと。赤裸々な鉄道トークに、彼らの鉄道愛が垣間見える。

1番線 「笑神様は突然に…」の傑作選を選ぶとしたら

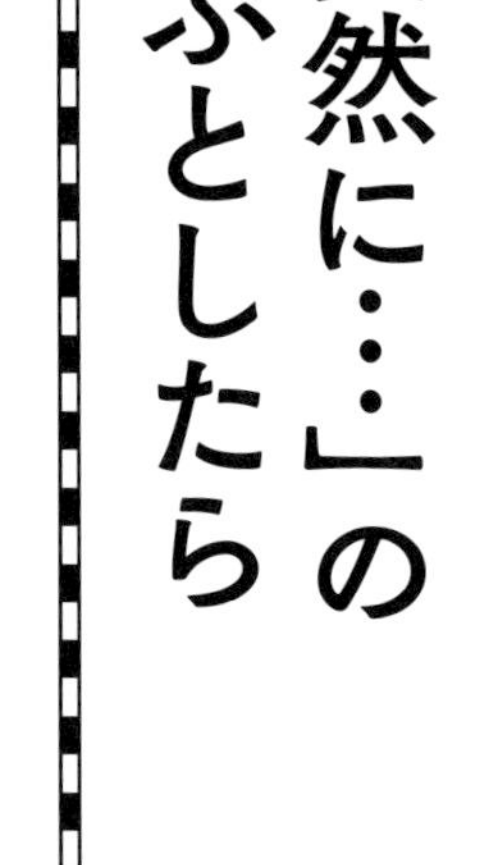

**停電で電車が動かない間
お笑いの衆知を集めたロケ**

――「笑神様は突然に…」で鉄道BIG4の皆さんは国内外に出かけ、たくさんの鉄道に乗っています。傑作選ベスト10を選ぶとしたら?

礼二　最初は「チーム鉄道マニア」やったね。

南田　鉄道好きはわがまま、やりたい放題。2回目かな、京阪電車に行ったとき(さようなら京阪テレビカー・74頁)。宮川大輔(みやがわだいすけ)さんが名物のフランクフルトを試食するタイミングで、5000系が来ちゃった。

岡安　そうそう。

吉川　ありましたねぇ。

南田　みんなで「来た来た来た!5000系」って。その間、大輔さんがひとりでフランクフルトを食べてんの。バラエティーじゃふつう、絶対にNGでしょ。

吉川　それで、串を指し棒にして、中間の扉を「いすがこうやって上がって、ふさぐんだ」のなんのって、盛り上がっちゃって。大輔さんだけ、別の世界の人でしたね。

岡安　ホリプロの久野知美(くのともみ)アナウンサーが旧3000系「テレビカー」のお別れ乗車に、お忍びで乗ってましたし。あの回、いろいろなことが巻き起こりすぎませんでした?

礼二　架線にハンガーかなんかが引っ掛かって。停電で先に行かれへんやったんね。

吉川　パンタグラフが突然、降りましたからね。

礼二　「ガッシャーン」って。

吉川　目の前でね。

南田　そうでした。列車が止まってるから間をもたせないといけないけど、ぼくはお笑いの人じゃないので。

礼二　こう見えて本業は、ホリプロさんのマネージャーやからね。

南田　お笑いの方がアイデア出し合って、いろいろやってくださったのが最高でしたね。

岡安　そのあと、万博記念公園の鉄道用品オークションに行きましたよね。男の子がゲットしちゃったのに、おカネを持ってなくて（大阪鉄道まつりin万博記念公園・110頁）。

礼二　大金やもんな、子どもにとっては。

南田　システムがよくわからなかったみたいですね。

吉川　とりあえず手を上げようって。

礼二　気持ちがわかるから、買うてあげたんやけど、お母さんに超怒られとったな。

南田　そのあと、本当は車庫へ行く予定だったんですけど、もう「取れ高OK」になって……。

吉川　鉄道好きには残念でしたね。

「成田団子事件」も大輔さんが本気で怒ってた

宮川大輔さんにうなぎの香りだけかがせて団子を

——鉄道旅のロケは、ご当地の美味も楽しみなはずですが……。

礼二　「成田団子事件」も、大輔さんが本気で怒ってた（京成スカイライナーと新京成で駅員体験・86頁）。

岡安　うなぎ屋さんで香りだけかがせて、うなぎじゃなくて、みたらし

団子を食べさせられたって。

南田　うなぎは時間がかかっちゃうんで。鉄道乗りたい派と食べたい派で、軋轢が生じますね。

吉川　あと、新京成でスポーツドリンクをくださった駅員さんが作る社員食堂のカレー。思っていたのと全然違っていて、代官山のカフェみたいな本格的キーマカレー。鉄道現場の裏側って、行ってみないとわからないものですね。

礼二　南田にいちばん腹が立ったのは、真岡鐵道や（真岡鐵道でSL列車に乗る・112頁）。「駅そばにしましょう、時間がないから」って言いだしっぺのくせに、一番猫舌で、一番食べるのが遅かったんや。

一同　（大爆笑）

岡安　「愛媛の一六タルト事件」もありましたね（松山の路面電車と「伊予灘ものがたり」・128頁）。

南田　なるべく食事に時間をかけずに、できるだけ鉄道に乗っていたいから。ぼくは甘党だし。

礼二　じゃこ天とタルトやったら、どっちや。

南田　もちろんタルトです。そうしたら大輔さんが「おーいっ！　この空腹時に」って。

礼二　いや、でも、大輔さんの気持ちもわかるわ。本気で怒ってたで。「腹減っとんのに」……。

南田　「こんなパサパサのもん食わすか！」って。

礼二　おれも一応、鉄道BIG4側やから話は合わしたけど。本心は腹

C12形66号機が引く真岡鐵道の「SLもおか」

台湾高速鉄道
700T型電車

が減っとった。

吉川　我々は鉄道で満腹になってるけど、大輔さんだけかなり空腹状態ですよね。

礼二　いつもお腹、空かせてるよね。

海外ロケは台湾だけだが実はロケの前に大事件勃発！

――初めて海外へ行かれたのは、台湾でしたね（チーム鉄道BIG4 in台湾・98頁）。

吉川　礼二さんが遅れていらして。

礼二　パスポートがね、切れる1週間前ぐらいやった。「行ける」って言われていたのに、当日、羽田空港に行ったら「無理や」って……。

南田　残留期間が3カ月あるかとかないかとか。ころころルールが変わって、わからないですよね。

岡安　ぼくと吉川さんは、決まっていたスケジュールで飛び立って。

南田　ぼくは前乗り。

礼二　みんなを見送って居残り。羽田から白金高輪の台湾総領事館（台北駐日経済文化代表処）に行って「何とか頼む」と。担当者が「『笑神様』知ってる。何とかする」っていうから1回家に帰って、その後でもう1回、都営三田線に乗って行ったよ。

一同　（笑）

礼二　それで「成田エクスプレス」に乗って、夜の成田空港発の便や。着いた空港も松山じゃなくて、桃園。遠い遠い。やっと台北市内に着いたら、みんな食べ終わって鍋は空やったわ。

吉川　礼二さんがおられないとロケ、できませんので。台北で遊びまくってましたね。

南田　マッサージとか行きまくって、肌もつるつるになりました。

岡安　小龍包（ショーロンポー）も食べて。

南田　大輔さんも2日目からの予定だったんで。スケジュールを1日、あとにずらしたんですよね。

礼二　そうそう。

南田　台湾の国鉄、台鉄か。協力してくれたし。

岡安　でしたね。

吉川　礼二さんのスケジュールも翌日、うまく調整できたから結果オーライ。

南田　しかし、総領事館に三田線に乗って行ったってのも、ちょっと……。

礼二　そこはこだわんのや。

岡安　弘南鉄道行ったとき、「ラッセル君」と相撲を取るって企画もありました（一度は乗りたいストーブ列車・89頁）。

礼二　ご当地キャラな。

吉川　ぼくは、あっさり負けました。

岡安　ぼくもあっさり負けて、帽子のつばが壊れました。そうしたら、礼二さんが思いっきりタックルでふっ飛ばして。南田さんが四股（しこ）を踏んだとき、ズボンの股がビリビリビリって破けて。

南田　スタッフの方が、ジャージを買ってきてくださいました。そのジャージをはいて、東京まで帰ってきちゃった。

一同　（笑）

「ラピート」大好き少女が鉄道会社に就職して再会へ

――南海電鉄ロケのとき、特急「ラピート」好きの望乃（のの）ちゃんという少女が来ていましたよね（初恋の南海「ラピート」・104頁）。

一同　あー、ありましたね。

吉川　ロケで再会したら、彼女、鉄道会社に就職してましたね。あれはちょっと、びっくりしました（富士山を望む絶景路線〝富士急行線〟の旅・57頁）。

岡安　ぼく、そのあと鉄道で回っていたら、望乃ちゃんがいたんですよ。仕事中だったので、声はかけられなかったんですけど……。

吉川　最初、まだ中学3年生ぐらいだったよね。

南田　スタジオに鉄ヲタの方をお招きして、オーディションしたこともありました。狼(おおかみ)くんって覚えてます？　狼和樹(かずき)くん（丸ごと1時間鉄道スペシャル・77頁）。

吉川　岡安さんに問題出した子でしょ。

岡安　……つい当てちゃった。

南田　そこは外せ！

一同　（笑）

礼二　大阪の「交通科学博物館」のロケでは、子どもたちと一緒に昼飯を食ったね（初恋の南海「ラピート」・104頁）。

岡安　すげー大所帯になって。

礼二　こっちはお愛想で、「このあと、ご飯に行こう」って言ったら。「はいっ！」て全員参加。あれは困ったわ。

南田　どこで離脱していただくかが問題でした。

一同　（苦笑）

吉川　つくばエクスプレスに乗ったときに、運転士を撮影している女性がいましたね。これから結婚する相手……（真岡鐵道でSL列車に乗る・112頁）。

岡安　フィアンセ（婚約者）だった。

吉川　その運転士さんが出発するとき、〝愛のミュージックホーン〟を鳴らしてくれて。

一同　（うなずく）

吉川　感動、いいシーンでした。

岡安　確か結婚披露宴用に、お祝いのVTRを作りましたよね。

礼二　MC（司会）の内村光良(うちむらてるよし)さん

ロケで再会したら鉄道会社に就職してました

がロケに来たとき、ありましたね。千葉の小湊鐵道からいすみ鉄道へっていうコース、好きやったんや。（内村さんと房総半島横断の旅・80頁）。

一同　あー。

礼二　壇蜜と一緒にな。

南田　あと、ハンバーグ師匠（スピードワゴン、井戸田潤さん）も。ゲストがすごい豪華でしたね。

吉川　「レストラン・キハ」の食事もね。

朝の「サンライズ出雲」で六角精児さんが糖尿の薬を

――松井玲奈さんは初め、ゲスト扱いでしたね。

一同　そうそう。

礼二　それが、何回か来てるうちにレギュラーになって、だんだん扱いがひどくなっていく。

一同　（笑）

南田　レギュラーになったのが会津鉄道の回でしたね（お座トロ展望列車とプロレス列車・95頁）。

岡安　湯野上温泉駅の足湯で、写真を撮った記憶があります。

礼二　熱かったなぁ、あの足湯。

南田　あと、覚えてますか。「サンライズ出雲」で六角精児さんと深夜3時ぐらいまで飲んでたこと（寝台列車に乗って出雲へ・83頁）。

岡安　飲んでましたね。

吉川　ほんと、楽しかった。

南田　熱海ぐらいで、とっくに「取れ高OK」出たのに。

岡安　スタッフさんに「こいつらまだ寝ないのかよ」って顔されて。

南田　「おれたち、重い機材を抱えていかなきゃなんねえのによ」って。

岡安　スタッフが解散しても飲んでて、お酒がなくなっちゃったんです。そうしたらカメラさんが、寝る前に

小湊鐵道キハ200形と菜の花

飲もうとしてたレモンサワーのロング缶を2本、「もしよかったら」って差し入れてくださいました。

南田　六角さんが翌朝、糖尿かなんかの薬、飲んでましたよね。

吉川　伯備(はくび)線内で、鏡見ながらしみじみと……。

一同　(笑)

岡安　ぼくは京都での「ドッキリ」が思い出です。奥さんがスタッフに変装して参加してました。全然、わからなかった(岡安ドッキリ企画Part2 in 京都・101頁)。

南田　「ウケてない」「スべってる」って。大泣きされたやつね。

岡安　いや、多いんですよね、「ドッキリ」。江ノ電ロケのときも両親が出てきて、お父さん手作りの謎の金太郎服を着て、ロケしました。(丸ごと1時間鉄道スペシャル・77頁)。

吉川　そういえば最初のころは大輔さん、鉄道にあんまり興味がなかったんですよね。

礼二　それが近江鉄道に行ったら、ずっと車両を眺めてた(近江鉄道とリニア・鉄道館の旅・92頁)。

岡安　彦根駅で古い電気機関車見て、「これ、めっちゃええやん」って。

礼二　大輔さんの立ち位置で、それ言ったらアカン。

一同　(笑)

礼二　大輔さん、いま一生懸命、駅スタンプを集めてんのやな。

岡安　台湾でも、食堂屋さんにめちゃくちゃスタンプが置いてあって。全部、押してましたよ。

大輔さん、いま一生懸命駅スタンプを集めてんのや

どのようなタイミングで笑神様は降りてくるのか

「笑神様」は結構な比率で南田さんが降ろしてくる

――鉄道BIG4の皆さんに「笑神様」が降りてくるのは、どんな瞬間ですか。

吉川　神様は大体、南田さんが降ろしてくるんですよ。

岡安　結構な比率でね。例えば、弘南鉄道の相撲のときだって、ぼくの「帽子が壊れる」エピソードは、全部カットになりました。実際、南田さんのズボンのお尻が破けたほうが面白いですもんね（一度は乗りたいストーブ列車・89頁）。どうせなら、栃乃和歌（とちのわか）の物まねをすればよかったんですよ。

南田　それ、やろうとしたらビリッといっちゃったんです。

岡安　栃乃和歌は、取り組みの直前にポンとまわしをたたいて、指をなめるんですよ。

吉川　最初のころ、南田さんはいろんなことに熱中しちゃって、いろいろやらかしてくれましたね。大事なタレントさんの資料が入っているのに、とにかくカバンをよく忘れる。眼鏡がずり落ちるとか……。とにかく、そういう予期せぬことがめちゃくちゃありました。

南田　伊豆急行のときでしたね（伊豆急行の旅・113頁）。

吉川　芸人がね、勝てない。南田さんのほかは、全員が芸人なんですけどね。最初のころから「南田さんには勝てない」って思いましたね。

笑神様は突然に…

偶然が重なって神がかって笑神様が降りてくる

——南田さん以外にも、笑神様は降りてきていると思いますが。

南田　あと、どんな神様がいたかな……。大輔さんのお父様もそうでしたけど、鉄道模型の達人でしたね。

吉川　京都のご実家まで、行きましたね。

南田　あのとき、うどんを食べようとした店からトレンディエンジェルの斎藤司さんが、出てきましたね。

岡安　あ、出てきた出てきた。

南田　これ、仕込み？　って思いましたもん。

岡安　偶然でしたね。

吉川　そうだそうだ、偶然が一番ですね。

礼二　そうやね。

吉川　不思議なことに、偶然が重なるんですよね。旅って、そんな感じなんですかねぇ。

南田　番組だから、ふだんとは違うテンションで旅をしていますけど。そこにいろいろな偶然が重なってくるのが「神がかってる」ってことなんですかね。

一同　（うなずく）

礼二　「笑神様が降りた瞬間」……。あれやな、最初のころに収録した南海の、それこそ望乃ちゃん。「交通科学博物館」の〝食いテツの長与航己くん〟もそうやね（初恋の南海「ラピート」・104頁）。

南田　一般の方にも神様がいらっしゃいますね。ほかにもそれこそ、スタジオに来ていた狼くんとか。三

一般の方にも神様がいらっしゃいますね

三陸鉄道の大沢橋梁
を通過する36-Z形
と36-700形

陸鉄道のロケで灘中学の子に、ぼくらの「妄想鉄道」の甘さを指摘されたときなどですね（全通した三陸鉄道の旅・122頁）。

吉川　だけど、「笑神様」が降りてきた瞬間は、自分でもわかりますよね。

岡安　そうですね、何となく。実は笑神様が降りた瞬間って、スタジオに行くまでにスタッフがある程度、ピックアップしておいてくれていたりする。

南田　マジックでポイントが書かれていますよね。

岡安　カンペで出るんです。製作サイドが意図して「ここで降りた、ここで降りた」と編集するんですけど。スタジオで観た内村さんが「意外とここも、面白いんじゃない」って感じたところが、手書きのマジックで追加されていく。

南田　これ、読者の皆さんは、何のことだかわかんないでしょ。

一同　（笑）

吉川　まぁ、ぼくたちは笑神様よりも鉄神様を降ろしてくるほうが得意ですけどね。

一同　（うなずく）

台本のコメント欄に岡安さんはせりふがない

――4人それぞれが、とがったキャラクターをお持ちですよね。

南田　吉川さんは、やっぱりお話がお上手なんです。特徴を短めにわかりやすいセンテンスでまとめてくれる。ぼくだと長くなるし、鉄道現場

JR九州のJRKYUSHU SWEET TRAIN「或る列車」キハ40系

JR東日本の豪華クルーズ列車「TRAIN SUITE 四季島」E001系

の人が急にカメラの前に引っぱり出されて説明を求められても、うまくしゃべれないこともある。吉川さんはそれを引き取って、3秒でまとめてくれるんですよ。

吉川　いやいやいや。

南田　これは編集上、番組には必要なことでして。だけど、一方の岡安さんは、あんまりそれを求められていない……。

一同　（爆笑）

岡安　「笑神様」には、いちおう大ざっぱな台本、進行がわかる程度のものがあるんです。礼二さんはもちろん、南田さんや吉川さんにもせりふがある。だけど、ぼくはコメント欄に1回も名前が載ったことがない。絶対に信頼されていない証拠です。だから「ドッキリ」ばっかりに引っ張りだされちゃう。

南田　岡安さんは、リアクションが素直ですね。びっくりしてほしいところでびっくりしてくれるし、むきになってほしいところでむきになってくれる。例えば、函館行ったときとかですね（道南で豪華列車と対面・144頁）。

岡安　あー、ありました。

南田　写真を撮りに行く別動班になって、「これメモリー切れないかな」って思って心配していたら、すぐに切れたんです。

岡安　たった4枚目でメモリーが切れて、イメージしていた函館市電の写真が撮れないまま終わってしまいました。

1888年に竣工された早川橋梁を通過する箱根登山鉄道200形

吉川　そういうハプニングを起こせるところが、うらやましいですよ。ぼくはそういうのが全然ないから。

南田　そうそう、そういえば広瀬アリスさんとかゲストが吉川さんの説明に「なるほどねー」ってうなずいていました。吉川さんは通訳者なんですよ、鉄道通訳者（長崎で岡安をドッキリにかける・150頁）。

吉川　考えるのが好きなんですよ。でも爆発力のある南田さんに負けちゃいます。小田急の「乗降客数帰れま10」とかやりましたけど、そういう企画を考えることが大好きなんですよ。

岡安　「鉄道なぞなぞ」も吉川さんでしたよね。

吉川　「鉄道駅名川柳（せんりゅう）」っていうのがあって、それにマツコ・デラックスさんがすごく食いついてくださいました。ぼくが「高根木戸、高根公団、滝不動」の五七五を出したら、マツコさんもすぐに見つけてくださった（Part2　夜の新京成電鉄・143頁）。

礼二　「みのり台、松戸新田、上本郷」やったね。

吉川　あれはうれしかったですねぇ。ちょっと違った角度で、鉄道を楽しみたいんです。かるたも作りましたよね（鉄道かるた発売イベント・132頁）。トランプは確か岡安……。

岡安　「高田のババ抜き」っていうトランプを、前の日に徹夜して考えて、自作して持参しました。駅名が書いてあって、一緒になったら捨てていくババ抜きです。カードを配ってゲーム開始。ところが、明るい昼間だからカードが透けちゃった。

一同　（笑）

岡安　「丸見えだぜ、駅名が」「のぞくんじゃねえよ」「のぞいてねえよ、透けちゃってるよ」って、すぐ中止になりました。

南田　特急「レッドアロー」でそのトランプを始めて、「お前、何で西武線で山手線ゲームやってんだ」と責められていましたね（西武鉄道の旅・130頁）。

岡安　そうですそうです。

南田　カードに山手線の駅名が書いてあって、「西武の人、苦笑いしてるぞ。『高田のババ抜き』なら西武新宿線でもできるだろう」って。

岡安　そこまで考えていなかったんです。「よっしゃ、いいのができた！」って勢いだけ。

南田　いやいや。だけど、アイデアはすばらしかったです。駄じゃれも決まってましたしね。

「高田のババ抜き」を徹夜で考えて自作しました

岡安　あと、最初のころの小田急の回で、「鉄道ＢＩＧ4のプロフィール動画を作ろう」って大輔さんがおっしゃって。みんながこう、くるっと振り向くみたいな（ロマンスカーと箱根登山鉄道の旅・111頁）。

吉川　ありましたねぇ。

岡安　1回やって「違うな」。2回目を撮って「最後、ビシッと決めようよ」って。3回目を撮ろうとした瞬間に、真下にロマンスカーが近づいてきて、「来た来た来た！」って。流れはまったくズタズタになっちゃったけど、手ごたえはあった。そういう偶然で「笑神様」は降りてくるんだと思います。

礼二　おれは正直、岡安がロケでウケて、そのシーンがスタジオで使えてもらえていたときが一番うれしい。

一同　（大爆笑）

「笑神様は突然に…」で今後やってみたいこと

豪華列車から貨物まで乗りたい列車がいっぱい

——2013年から番組が始まって、7年目（2020年）に入りました。今後は、どのような列車に乗って、どのような旅がしたいですか？

礼二　そりゃもう、ほんまに「四季島」とか「瑞風」、「ななつ星」。クルーズトレイン、豪華列車に乗りたいね、「笑神様」に限らず、死ぬまでに絶対に乗りたい。

吉川　ロケでも豪華列車を目撃しましたね。

礼二　「トランスイート四季島」やね。

南田　北海道、道南いさりび鉄道の回でした（道南で豪華列車と対面・144頁）。

礼二　あれ、試運転か？

吉川　そう、間もなくデビューってときでした。ちょうどオンエアの日が、デビューだったんです。

礼二　あぁ、そうか。

吉川　2017年5月1日ですね。

礼二　縁、感じるな。いや……縁はないんやな。

一同　（爆笑）

礼二　個人的にいちおう「四季島」に申し込んだ。行けるかどうかわからへんけど。今月末に結果が出る。

吉川　すげぇ！

礼二　いや、わからへんで。当たらへんかもしれんし。

岡安　当たったら教えてください。手を振りに行きます。

礼二　わざわざ？

岡安　意外性のある場所で。

礼二　駅とかじゃなくてな、期待してるわ。

吉川　ぼくは近鉄の「ひのとり」に、まだ乗ったことがありません。

岡安　ぼくもありません。

礼二　仕事で乗ったけど、めちゃくちゃええで。

岡安　プレミアムシート……。

礼二　乗った乗った。

吉川　うらやましいなぁ。

南田　あっち（近鉄沿線）に行く機会はありますか？

吉川　自粛中のときは、関東以外から出られませんでしたけど、関西方面はよく乗りに行きます。

南田　ぼくは奈良に親戚がいますから、そのうち機会はあると思っていますが……。

礼二　南田は何に乗りたい？

南田　貨物、貨物、貨物ですね。山陽本線のセノハチ（瀬野～八本松（はちほんまつ））のバックからの補機は、番組で乗せてもらったんですけど。青函トンネルを通ってみたいですね。

吉川　貨物列車で？

南田　もしくはスーパーレールカーゴ。あとは一度でいいから、海外の鉄道で国境を越えたい。

一同　あー！

南田　列車の中でイミグレーション（出入国審査）するんですよね。ぜひ、経験してみたい。

岡安　ぼくは、JR西日本からデビューしましたよね、夜行の「WEST EXPRESS（ウエストエクスプレス）銀河」に乗りたいです。

南田　まだ、これからじゃない。

ロケでも豪華列車を目撃しましたね

礼二　延期になったよね。運転開始はいつから?

南田　確かJR西日本の発表では、2020年の9月11日（当初は5月8日が運行開始予定日）に決定したと思います。

岡安　ぼくの誕生日が近い。

吉川　いつ?

岡安　9月12日。

礼二　うちの下の子、9月11日よ。

吉川　すごい偶然ですね。うちの奥さんは、9月10日です。

岡安さんの修学旅行は貸切寝台列車でした

――復活させてほしい列車や路線はありますか。

吉川　「北斗星」ですね。小学生のときにデビューして、そのとき親におねだりして乗ったんです。食堂車も久々に体感したいし。

南田　食堂車に行ったんですか?

吉川　行きました。

南田　おー、いいですねぇ。

吉川　和風御膳のほうでしたけどね。

一同　御膳ね（うなずく）。

南田　フルコースに挑む予算と勇気はなかったですか?

吉川　フランス料理は、子どもにはちょっと難しいですからね。

礼二　おれは、寝台急行「銀河」ね。

一同　あったあった。

吉川　いい時間帯でしたよね。

礼二　しょっちゅう大阪に行くから。絶対に乗りたかった。いまは「サンライズ瀬戸／出雲」の上りしか、大

24系をEF65形がけん引する寝台急行「銀河」

EF81形がけん引する寝台特急「トワイライトエクスプレス」

阪から乗れる夜行がなくなってしまったからな。

南田　礼二さんは「サンライズ」御用達（ごようたし）だって聞きました。

礼二　そうそう。

南田　0時34分に大阪発。

礼二　そやね、11番ホームに立ってるわ。

南田　打ち上げの途中で、「いまから東京に帰りますわ」っておっしゃったそうですね。

礼二　鉄道好きじゃない、知らない人が「えぇっ！」て、必ずと言っていいほど驚く。

南田　「無理でしょう」って。

礼二　そうそう。

吉川　下りの「銀河」は大阪へ、いい時間に着きましたよね。ちょうど朝の7時くらいか……。

礼二　1回も乗れへんかった。

南田　ぼくの夜行列車デビューは「銀河」でした。小5のときですね。

礼二　えー、そうなん。

南田　母と一緒に、大阪から東京までA寝台の添い寝でした。ごていねいに草津とか、浜松とか停まっていくんです。

一同　（爆笑）

岡安　ぼくは乗れなかったので「トワイライトエクスプレス」に乗りたい。礼二さんと玲奈ちゃんがアンバサダーをやってらした、六本木ヒルズの「特別展 天空ノ鉄道物語」に原寸大の完全再現があって、それも感動しました。

礼二　乗った乗った。

岡安　いいなぁ。ロケ中に見送りましたよね。
吉川　そうそう、富山駅で。
岡安　引退間近のときでしたね。
礼二　そうやったね。ギャラリーもいっぱいおった。
南田　やっぱり、ブルートレインのよさというのは、起きてから、朝が明けてから列車に乗っていられる時間の長さだと思うんですよね。
吉川　同じ寝台料金だから。
南田　そう、同じ寝台料金を払うんだったらなるべく長く、ぎりぎりまで乗っていたい。昔、西鹿児島（現・鹿児島中央）に13時過ぎに着く「はやぶさ」ってあったよね、最高！
一同　（うなずく）
岡安　ぼくは修学旅行の帰りが、貸切の寝台列車でした。
一同　ええーっ！
吉川　どこからどこまで？
岡安　確か博多駅から、そのまま大宮駅まで。
礼二　すごいな、それ。
吉川　中学生のときですか？
岡安　高校生のときです。大宮市立大宮西高校（当時）。
一同　高校で！
岡安　めちゃくちゃ楽しくって、寝られなくて。前の代は新幹線だったし、次の代は飛行機で沖縄に行くコースになっちゃって。だから大宮西高では、ぼくらだけしか貸切寝台列車の話ができません。
礼二　さすが大宮、〝鉄道の街〟やね。何時ごろ出発した？
岡安　たぶん、晩ご飯を食べたあとくらいでしたね。それで、大宮駅に朝の10時くらいに着きました。
礼二　どっか途中で時間調整をしたんやろね。
吉川　そうでしょうね、運転士も替わるし。

定期運行する貴重な寝台特急「サンライズ出雲・瀬戸」285系

南田　米原（まいばら）あたりかな。

礼二　貸切寝台乗ったことあるいう人、初めて会ったわ。

一同　（うなずく）

レギュラー出演者だけでなく ゲストや一般人も多く登場

――「笑神様」には多くのゲストが登場しています。

吉川　ゲストの方に、喜んでほしいっていう思いはありますよね。鉄道のよさをたくさんの人にわかってほしい。

南田　鉄道好きな人って、鉄道素人の接待に努めますよね。

吉川　そうそう。

南田　「接待鉄」だ。

吉川　全然〝鉄分がない〟ゲストの方に、ロケの最後に「鉄道、面白かったです」と、言ってもらえることがうれしくて。

岡安　皆さん、結構言ってくださいますよね。千原（ちはら）ジュニアさんが「サンライズ」のVTR（寝台列車に乗って出雲へ・83頁）を観て、「後輩を連れて乗ったら、めちゃくちゃよかったで」って言ってくださったんです。最高のほめ言葉でしたよね。

礼二　まあねぇ、新型コロナウイルスとか、こういうご時世ですから。なかなか、ロケに行く機会がないんですけど。行けたらまた、岡安くんの企画の採用と、「笑神様降臨」も楽しみにしとってください。スタッフさんが決めるんですけどね。

一同　（爆笑）

鉄道好きな人って 鉄道素人の 接待に努める

Q＆A
ちょっと鉄分のあるこぼれ話

鉄道に関するQ＆Aは、各自の解答から派生する会話が面白い。
解答をひとつに絞ることが、とても困難だった様子。
高価なお宝が登場するのかと思いきや、解答は意外なものだった。

鉄道関係で仕事に就くとしたら？

一同　うわーっ！

岡安　昔と変わってきてない？

礼二　みんな、子どものときは間違いなく運転士や。

南田　そうでしたね。

礼二　いま、この年齢では？

吉川　いまでも運転士募集のポスターを見たら、どうしようかとどきどきしますね。

一同　（爆笑）

岡安　どきっとしますよね。

吉川　どきっとしますね。

礼二　まぁ、年齢なんかを見たら全然外れてんのやけど……。

南田　中途採用のやつですね。

礼二　つい、条件とか見てしまうんやな。

岡安　ついつい見ちゃいますね。

礼二　高校生ぐらいやったら、みどりの窓口やったね。いまだにあそこはどきどきするゆうか、興奮する。

一同　確かに。

南田　窓口業務は、おもちゃやゲームがないですからね。

岡安　そうですね。

吉川　ほしいですね。運転士なら「電車でGO！」とかはありますけど。

礼二　車掌も、シミュレーターで体験できるけどな。

吉川　窓口はこう、横向いてカチャカチャカチャカチャやる。

一同　やるやる。

南田　あれのおもちゃを作ったら、絶対に売れると思います。

岡安　あと、領収書用のちっちゃいキーボードも売ってほしいですね。

南田　こっち側から急にあっち向いて、やってますよね。

礼二　やるやる。

吉川　クレジットカードの決済のときとかね。

礼二　窓口って、なんか好きなんや。会社ごとに、雰囲気も違ってるしな。

南田　あー、鉄道会社の窓口カウンターですね。

岡安　子どものころ、お母さんやおじいちゃんにお客さんをやってもらって、きっぷを切る改札鋏（かいさつばさみ）のおもちゃで遊んでいました。カッチャカッチャとリズムを取ってパチンって。かっこよかったんですよねー。いまはもうないみたいですけどね。

鉄道関連の一番のお宝は？

礼二　いろいろ持ってんのやけど、一番のお宝ゆうたら難しいわ。

南田　そうですねぇ……。

吉川　ぼくは「タモリ倶楽部（くらぶ）」で「東急クイズ」っていうのを代官山の地下の現場でやったんですけど、そのときに優勝して、工事中の石をもらったんです。

一同　（笑）

吉川　それが、吉川家の家宝になっています。

南田　飾ってるんですか？

吉川　ええ。見ると「なんだ、これ？」ってただの石なんですけど。バラストじゃないんですよ、工事現場で採掘された石なんです。

岡安　あー、そういうことか。
南田　明治通りの下くらいのやつですか？
吉川　そうです。
一同　（爆笑）
吉川　渋谷から代官山への急勾配を上がっていくときは、いつも「あぁ、あそこの石か」って、思い出しますね。飾ってあります、はい。
岡安　ぼくのお宝は、自粛中に作った妄想鉄道のステッカー。
一同　（爆笑）
礼二　だめや、そんなん。
岡安　今日、持ってきたんですよ。自粛中に「岡安新都市交通株式会社」を設立しました。それで、ロゴマークがこれです。
礼二　ロゴマーク？

岡安　はい。あ、これ、どうぞどうぞ。ただ、現物を見ないで作ってもらったら、けっこうシャカシャカなものが届いちゃって……。
南田　えっ、発注したんですか？
岡安　発注しました、業者に。
一同　（爆笑）
岡安　今日、初めてお配りします。
南田　「オカシャトル」じゃないですか。「ニューシャトル」みたい。
吉川　新交通システムを妄想するって、珍しいですね。
南田　どこからどこまで、行ってるんですか？
岡安　三軒茶屋駅前駅から砧（きぬた）公園。
南田　東急バス？
岡安　首都高の横に沿ってずっと走っていくイメージです。

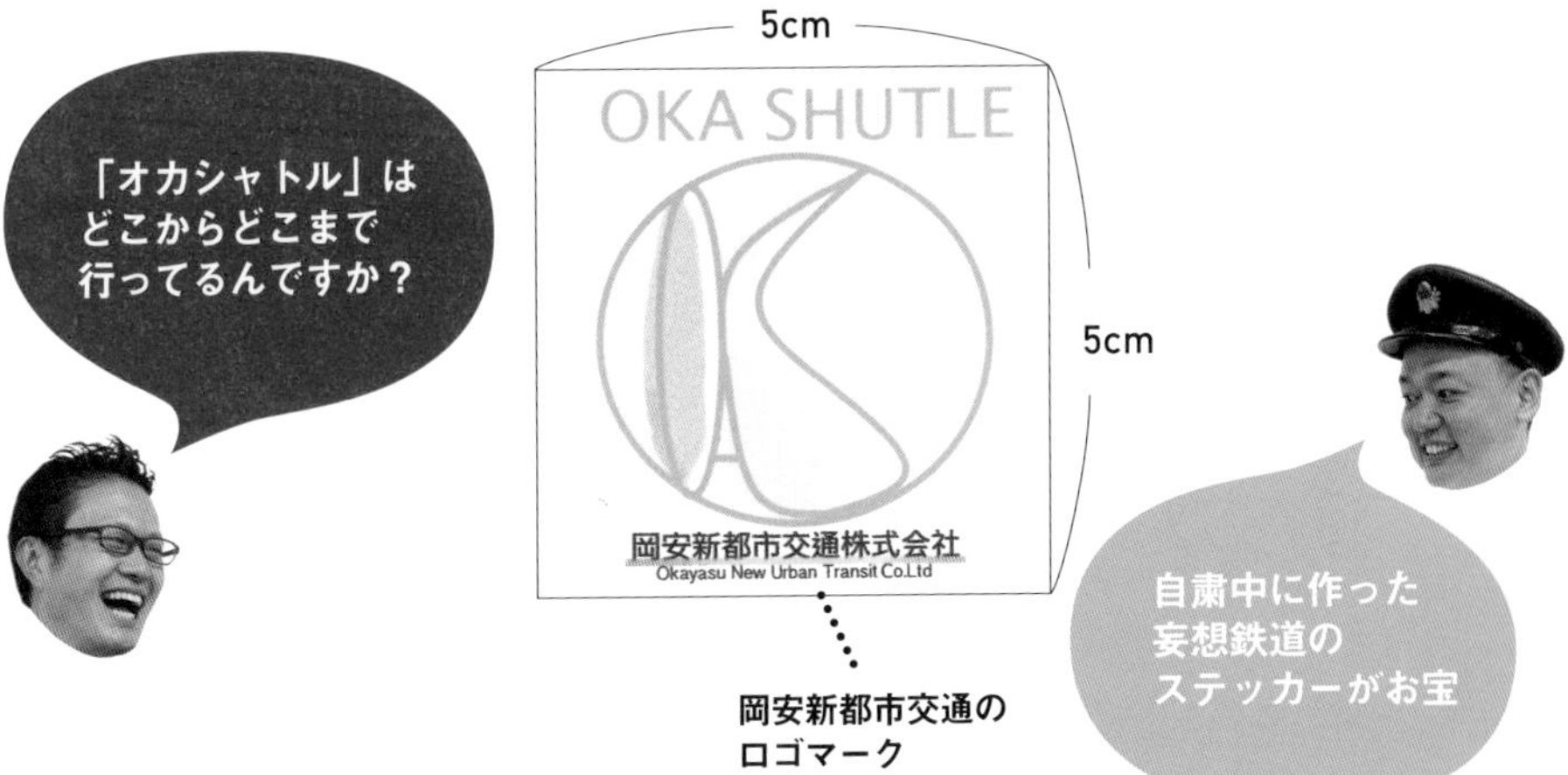

岡安新都市交通の
ロゴマーク

座談会を終えて……

番組のロケやスタジオ収録以外は、4人で集まることがないという鉄道BIG4のメンバー。そのためロケバスの中で、お互いの鉄道ライフを報告し合う時間がとても楽しいといいます。「どの列車に乗った」「この列車はいい」「今度、あの列車に乗る予定」などなど、話題はやっぱり鉄道のことばかり。次の番組放送は、新型コロナウイルスの感染拡大の影響で、3年後でした。充電期間を経て、ますますパワーアップした4人に出会えます（9～20頁参照）。鉄道BIG4の鉄道愛は不滅です。

※座談会は2020年7月に行われました。

鉄道マニア第7世代と行く

富士山を望む絶景路線 〝富士急行線〟の旅

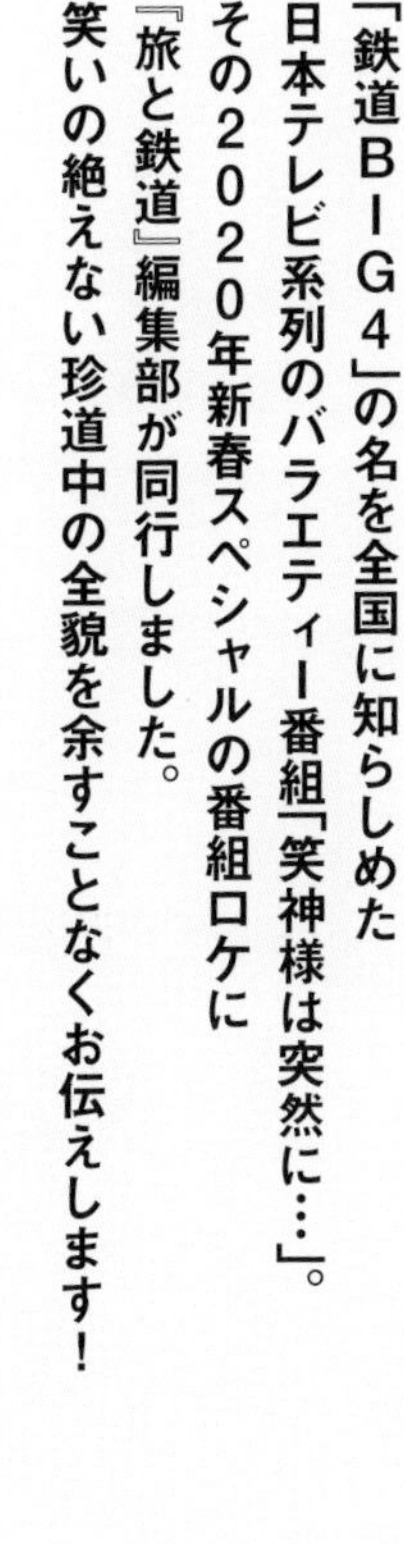

「鉄道ＢＩＧ４」の名を全国に知らしめた
日本テレビ系列のバラエティー番組「笑神様は突然に…」。
その２０２０年新春スペシャルの番組ロケに
『旅と鉄道』編集部が同行しました。
笑いの絶えない珍道中の全貌を余すことなくお伝えします！

初のロケ
密着取材！

放　送：2020年1月1日（水）初笑いSP
出演者：宮川大輔、中川家礼二、吉川正洋、岡安章介、南田裕介
ゲスト：生見愛瑠（めるる）、鈴木美羽（みうぴよ）

“タビテツグッズ”3点セット持参で
私たちが密着取材しました！

編集部／矢島美奈子

カメラマン／金盛正樹

9時30分 大月駅集合

起点の大月駅前に大輔さん登場！

大輔さんはハンディカメラを携帯。賑やかな一団に近づいていくと……

パンパンに膨らんだカバン、何が入ってるの？

富士急行線の魅力を熱弁しています

ちょっとちょっと！
立ち食いそばを食べる
時間はありません

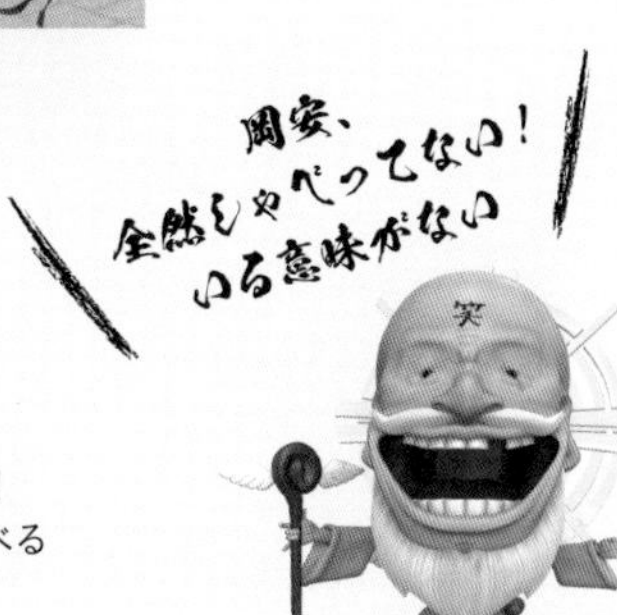

鉄道界の『Popteen』や

『旅と鉄道』の密着取材についても“一大イベント”と紹介していただきました！　ありがとうございま〜す

賑やかな一団の正体は？

2019（令和元）年12月某日、〝富士山に一番近い鉄道〟富士急行線の玄関口となる大月駅前は、いつにない賑わいを見せていました。

その中心にいるのは、鉄道BIG4の面々と、ロケ進行役の宮川大輔さん。そして、オジサン軍団に華を添えるゲストの2人――『Popteen（ポップティーン）』（角川春樹事務所発行のファッション雑誌）専属モデルの〝めるる〟こと生見愛瑠（ぬくみめる）さんと〝みうぴよ〟こと鈴木美羽（すずきみう）さんです（〝専属〟ゆえ、本誌にご登場いただくことはできません。うるわしきお姿を見たい方は『Popteen』を買ってくださいね）。

鉄道BIG4は、富士急行線への乗車を控えてすでにテンションマックス。「見どころとしては、いろんな電車がたくさん走っているところです」と、その魅力を語りだしたら止まりません。そのヲタぶりに周囲は早くも呆（あき）れぎみ。LJK（ラスト女子高校生）の乙女たちとはジェネレーションギャップも大きく、なんと礼二さんはオジサンならぬオジイチャン扱いです。

この珍妙なるデコボコ集団、果たしてどんな珍道中を繰り広げるのでしょうか？　では、出発進行！

すでにテンションマックスの鉄道BIG4

10時5分 大月駅発→10時27分 都留文科大学前駅着

元JRの車両で旅はスタートします！

ドア横の開閉ボタンを押して、けっこう混み合う車内へ。今日、最初の目的地は、大月駅から7つ目の都留文科大学前駅です。

大月駅を出発すると、JRとの連絡ポイント、富士急行線で唯一のトンネル、リニア実験線との交差地点など、鉄道ファンならではの見どころはたくさんあるのですが、思い思いに窓外を眺めていたのでは番組が成立しません。そこはしっかりわきまえた鉄道BIG4の面々。私欲（？）を捨ててトークに華を咲かせる姿には、感動すら覚えました。

いざ最初の目的地へ

富士急行線の改札口は、JRの山小屋風駅舎の横にあります。1面2線のプラットホームに入った一行は、これから乗車する6000系の〝開業90周年記念ラッピング車両〟に対面。もともとJR205系として京葉線などで活躍していた車両で、前面と側面に富士山のシルエットが描かれています。

「みなさん見てください、この色、このデザイン！」

まるで自分の持ち物であるかのように吉川さんが胸を張りましたが、その魅力は伝わったのでしょうか？

JR大月駅から歩いてすぐ、富士急行線の大月駅に移動します

路線図を見ながら大笑い

乗車した列車①

開業90周年記念ラッピング車両（6000系）

2019年6月より運行開始。元JR205系を、和モダンを基調にリニューアルしたもので、前面と側面には金色の富士山が。床や吊り革には木材を使用し、座席のシートとカーテンにも富士山の文様が施されている。大型の荷物棚を設置するなど利便性にも配慮。

都留文科大学前駅ホーム

鉄道マニア第7世代と遭遇

わからん、長すぎて

床下機器を見る鉄です

「シングルアームパンタのように」とアドバイスしたら、たちまち「ハッピ〜ス♪」マスターしたよ

鉄道マニア第7世代その①

早稲田大学鉄道研究会
幹事長 青木 諒くん 梅澤 亮くん
“ダブル「りょう」”

台車やモーターなど、床下機器の専門知識では鉄道BIG4も顔負けのふたり

床下機器を見る鉄？

都留文科大学前駅で一行を待っていたのは、枕木を一心不乱に撮影している若者ふたり。自称〝床下機器を見る鉄〟の早稲田大学鉄道研究会員・青木諒くんと梅澤亮くんです。

今回の旅は、〝鉄道マニア第7世代〟との交流がテーマ。いまをときめく〝お笑い第7世代〟にあやかった、平成生まれの鉄道マニアを表すちょっと無理のある造語なのですが、番組に敬意を表して踏襲することにしましょう。

この第7世代の両君の専門知識は筋金入りで、枕木ひとつとっても、「レールとコンクリートの固定方法がちょっと古いタイプだったので、気になりました」と、独特の視点を持っています。コンプレッサーの音について話を振ると、立て板に水のごとくしゃべりはじめ、さしもの鉄道BIG4も、いささか面食らっているように見受けられました。

せっかく途中下車したのですから、食べ歩きに出かけたりするのかと思いきや、「これから大月駅に戻ります」と、南田さんが高らかに宣言。なんでここへ来たのかとの問いに答えて曰く、「電車に乗るためです。何回電車に乗るかで満足度が違ってきますから」。いや、さすがですね。

都留文科大学前駅は、2004年に開業した、富士急行線で最も新しい駅。電車の発車後、指差喚呼で安全確認

10時37分 都留文科大学前駅発 ↓ 11時1分 大月駅着

なんと大月駅へとんぼ返り

途中下車はできません！

ほどなくやって来た「NARUTO BORUTOトレイン」の先頭車両に乗り込むと、
「いい音しますね♪」
と言いながら、突然しゃがみ込んだ青木くん。耳に手を当てて、コンプレッサーの音に聴き入っています。鉄道BIG4の面々はというと、まるで保護者のように笑顔で見守るばかり。

いい音しますね♪

突然しゃがみ込んでコンプレッサーの音に聴き入る青木くん

けっして出しゃばりすぎないところに、ゲストへの温かい配慮が感じられました。

そして、青木くんは日々撮りためた台車の写真を、梅澤くんは早大鉄道研究会の会報「SWITCHER」を紹介し、回覧しながら「いいねぇ」と見入っていると……。

禾生（かせい）駅で特急「富士回遊」3号と交換。鉄道BIG4の面々は思わず窓外に釘付けになり、青木くんが「あの車両（E353系）はVVVF制御です」とひと言。乙女たちが「ついていけない」「降りたい」と口々に呟（つぶや）くと、礼二さんがすかさず車掌さんの声色で「途中下車はできません」。一同大笑いとなりました。

梅澤くんは、「鉄道研究会の会報」を見せてくれました

乗車した列車②

NARUTO×BORUTOトレイン（6000系）

富士急ハイランドの新エリア「NARUTO×BORUTO富士 木ノ葉隠れの里」オープンにあわせ、2019年7月より運行開始。側面には原作コミックスのキャラクターが大胆にあしらわれ、背景は6色にカラーリング。扉の内側や路線図にもキャラクターを配している。

大月駅で「鉄道早押しクイズ」対決

Q1
win第7世代
正解「都営浅草線5300形」

全神経を耳に集中して、
クイズスタート！

2問目も第7世代が答えます

Q2
win第7世代
正解「東急田園都市線8500系」

まだ岡安が
しゃべっていない
正月から焦るな

勝敗の行方はどちらに？

舞い戻った大月駅では、次の列車までの時間を使って「鉄道早押しクイズ」を敢行することに。第7世代のふたりと鉄道BIG4が、その知識を競い合います。

総合問題なら経験豊富な鉄道BIG4に分がありそうですが、今日の問題は「電車が発車するときの音（車両の駆動音）を聴いて、その車両形式を答える」というかなり専門的なもの。鉄道BIG4は面目を保てるのでしょうか。

出題者は大輔さん。といっても、スマートフォンで音声を再生するだけで、問題の意図をまったくくみ取りきれていない様子です。回答者はアンサーボタンを手に、全神経を耳に集中させます。

その真剣勝負の結果は……。第1問、第2問、そして放送されなかった第3問とも、第7世代の勝利。それぞれの音に特徴があり、いわれてみれば「そのとおり！」という面持ちでしたが、鉄道BIG4は潔く脱帽。ここで別れる青年たちに、心からのエールを送っていました。

クイズに備えて鉄道BIG4の気合は十分

都内の私鉄電車が出発するときの音を聴いて、車両形式を答えましょう。テレビでは放送されなかった問題もありますよ。答えはP.72にあります。

11時30分ごろ 大月駅入線

観光列車「富士山ビュー特急」に乗車

その勇姿に一同大興奮

いよいよ本日のハイライト。「富士山ビュー特急」に乗って、富士山駅へ向かいます。

鉄道BIG4は、入線前から興奮を隠しきれない様子です。それもそのはず、この車両は「ななつ星in九州」のデザインで知られる水戸岡鋭治氏がプロデュース。東京から近いところを走っている水戸岡デザインなのですから、無理もありません。

また、車両の経歴にも注目。水戸岡氏による改造前は、JRの371系として活躍していました。小田急線とJR御殿場線の直通特急「あさぎり」（現・「ふじさん」）が沼津まで延長された1991（平成3）年に、小田急とJRが2階建て車両を含んだ新型車両をそれぞれ製造。その大胆なフォルムは、鉄道ファンの心を大いにつかんだものです。

吉川さんも胸をときめかせたひとりで、幼少時代に乗りに行ったときの写真を携えてきていました。四半世紀を経たいま、その車両に再び乗れるとあっては、涙が出るほど感慨深かったに違いありません。

1番線に「富士山ビュー特急」が入線しました！

いきなり礼二さんがカーペットを……

乗車した列車③

富士山ビュー特急(8500系)

JR東海の371系をリニューアルした、富士急行の看板列車。赤と金を基調としたゴージャスな外観、そして木材を多用したホテルのような内装は、水戸岡鋭治氏のデザインならでは。土・休日には、本格的なスイーツが供される特別列車（要予約）も運行されている。

※2020年9月現在、運休中

11時44分 大月駅発 ↓ 12時24分 富士山駅着

車窓の富士山がどんどん大きくなってくる！

まだ午前中ではありますが……新春スペシャルなので特別に乾杯！クッキーやどら焼きなど、車内販売のスイーツも充実しています

ホテルのような特別車両

「富士山ビュー特急」の1号車は特別車両。2列＋1列のゆったりした座席配置で、各席には木製のテーブルが設（しつら）えてあります。運転席寄りには半円形のカフェテーブル、連結器側にはドリンクの注文ができるカウンターもあり、まるでホテルのロビーのような雰囲気です。

鉄道ファンの心理をなかなか理解できない乙女たちも、この車両には心を奪われた様子。鉄道ＢＩＧ４はシテヤッタリの面持ちです。

放送日に合わせて、地ビールで新春を祝う乾杯。乙女たちの「ＫＰ」（乾杯の意）の声にオジサンたちは鋭く反応し、礼二さんはあえて昭和風の口調で「ＫＰ」を連発。ここぞとばかりに芸人魂を見せつけます。

車内販売のスイーツを見て、乙女たちが「買ってぇ〜」と甘い声を出すと、「しょうがないなあ」と南田さんはタジタジ。そのスイーツを窓辺において〝映（ば）える〟写真を撮ったりしていると、ほどなく車窓にドカンと富士山が現われました。

「まさに富士山ビューですよ」

またもや自分の庭のように吉川さんが自慢。この眺めの素晴らしさばかりは、誰もが認めざるを得なかったようです。

富士山駅ホーム

富士山に一番近い駅でアナウンス放送に挑戦

営業中のアナウンス体験の申し出に、思わず頭を下げる吉川さん

富士急行 勝俣儀一さん

富士山駅を出発する「富士山ビュー特急」に手を振って、メンバーたちは列車にお別れの挨拶をします

礼二さん、にわか駅員に

スイッチバック式の富士山駅（オジサンたちには、改称前の富士吉田駅といったほうがシックリとくるようです）に到着し、ホームのベンチで富士山ビューを満喫。その絶景には、感嘆の声があがるばかりです。

すると、富士急行の勝俣さんから、意外なご提案が……。「駅員さんのアナウンスを体験してみませんか」というのです。駅員ゴッコは大好きな鉄道BIG4ですが、営業中の放送は意外にもしたことがないとのこと。その大役は、やはり礼二さんが担うことになりました。

「まもなく大月方面行きの電車が参ります」「ご乗車お疲れさまでした。富士山駅です」

と、用意してくださった原稿を本物さながらの名調子で読み上げていると、発車直前に乗車しようとするお客さんの姿が。すると礼二さんはすかさず、「駆け込み乗車はおやめください」

その見事なアドリブには、一同感心することしきりでした。

いざ、本番！ 声だけ聞いたら、誰も礼二さんのアナウンスだと思いません

富士山駅ホーム

富士山駅で〝伝説の音鉄〟に最敬礼

鉄道マニア第7世代その②

伝説の音鉄　藤田尚人くん
全国各地へ足を運び、駅の発車メロディーを録音して動画配信しています

駅メロばかりでなく、車内放送を録音することもあるそうです

プロ仕様のマイクで録音

ニセ放送に気づかれることなく、電車が無事に発車すると、ホームに怪しい人影が。業務用のマイクを手に、なにやら録音しているようです。大輔さんが声をかけると……。

彼こそは、全国各地の駅メロ（駅の発車メロディー）を録音して動画配信している藤田尚人（なおと）くん。鉄道マニア第7世代のひとりで、〝音鉄界のカリスマ〟といっても過言ではないでしょう。もちろん、鉄道BIG4も先刻ご承知。「営業先でご当地メロディーを調べたいときに、めちゃくちゃお世話になってます」と、思わず頭を下げるほどです。

東京メトロ虎ノ門駅の「シトラスの香り」などなど、誰でも知っているような駅メロをスマホで再生してもらうと、乙女たちも「聴いたことある！」と大喜びでした。

そして、藤田くんには、この後の行程に同行してもらうことに。こうして一般の方の協力も得ながら、番組はつくられていくのです。製作スタッフのご苦労はさぞや……と、改めて感じ入ってしまいました。

気になる機材の価格を大輔さんが聞いてみると……

膨大なコレクションのなかから、おすすめの駅メロを聴かせてもらいます

お昼ごはん

山梨名物「ほうとう」を満喫する

郷土の味に舌鼓!

富士山駅から離れて、一行が次に向かった先は、「ほうとう蔵 歩成（ふなり） 河口湖店」。山梨名物のほうとうを、富士山を目の前に眺めながら味わえるお店です。すでに午後1時を回っていたので、お腹がすいて少し不機嫌なメンバーもいたかもしれませんね。

人数分のほうとうはもちろん、やはり山梨名物の馬刺しとホルモン焼きをオプションでチョイス。

なんとも威勢のよい店員さんの掛け声を聞くと、たちまち礼二さんのスイッチが入って、「はいよ〜!」「入りました!」と大はしゃぎ。大輔さんは「礼二、病気やで……」と、苦笑いです。「家族でいるとき出てまうやろ」と重ねてもらすと、礼二さんは「めっちゃ嫁につねられる!」。

続いて食レポ。鉄道BIG4で手を上げる人はなく、大輔さんがお手本を示すことに。いかにもおいしそうに食べる姿を写真に収められなかったのは、痛恨の極みです。

山梨名物の馬刺し（850円）

馬刺し３です

入りました〜！

礼二さん、注文するときにも芸人魂が出てしまいます

上／人気のホルモン焼き
下／アワビの煮貝をぜいたくに合わせた看板メニュー「プレミアム黄金ほうとう」

食事した店

ほうとう蔵 歩成 河口湖店

県内に3店舗を構えるほうとうの専門店。「昇仙峡ほうとう味くらべ真剣勝負」では、3年連続で1位に輝いた。カボチャをはじめ、自社農園で育てた無農薬野菜を使用。黄金ほうとうは、アワビの肝のペーストをブレンドしたみそが、その味わいを引き立てている。

山梨県南都留郡富士河口湖町船津6931
㊋0555-25-6180 ㊔11：00〜21：00（L.O.20：30） ㊡なし

お食事後

岡安さん企画「駅名替え歌イントロドン」採用！

伝えられない
言葉があふれて
神様ぼくに力をください
君が好き♪

吉川さんが替え歌の駅メロラブソングを披露します

岡安さんの「駅名替え歌イントロドン」はこちらから聴けます。

Q1

なんば（大阪メトロ）→和邇（湖西線）→奈良（関西本線）→久手（山陰本線）→物井（総武本線）→小本（三陸鉄道、現在は岩泉小本に改称）→大元（宇野線）→利別（根室本線）→津南（飯山線）→近江八幡（近江鉄道）

食後のお楽しみは？

ほうとうに舌鼓を打ちながら、吉川さんが〝音鉄〟藤田くんにBGMをリクエストすると、常盤線の広野駅で使われている、ご存じ「汽車」のメロディーが。「駅で食うてる感じになるなぁ」との大輔さんのひと言に、一同大爆笑。

さらに吉川さんがSH-1（JR東日本で広く使われている駅メロ）を所望し、それに歌詞をつけたラブソングを披露。これは感心されるかと大いに期待したのですが、「フラれそう」と乙女たちはニベもありませんでした。

そして食後のひととき――。これまでちょっと控えめだった岡安さんが、鉄道マニア第7世代に負けてはならじと立ち上がり、「駅名替え歌イントロドン」と題したクイズを出題しました。駅名標の写真をつなげると、どんな曲の歌詞になるかを当てるという趣向です。

問題は右と下に掲げたとおり。少し無理があるような気もしますが、みなさんはおわかりになりますか？　ぜひ考えてみてくださいね。

岡安さんの「駅名替え歌イントロドン」はこちらから聴けます。

Q2

江田（東急田園都市線）→小作（青梅線）→木見（瀬戸大橋線）→戸塚（東海道本線）→長江（一畑電車北松江線）→太地（紀勢本線）〜中略〜　舎人（日暮里・舎人ライナー）→東寺（近鉄京都線）→穴山（中央本線）→八幡市（京阪本線、現・清水八幡宮に改称）→さくらんぼ東根（奥羽本線）

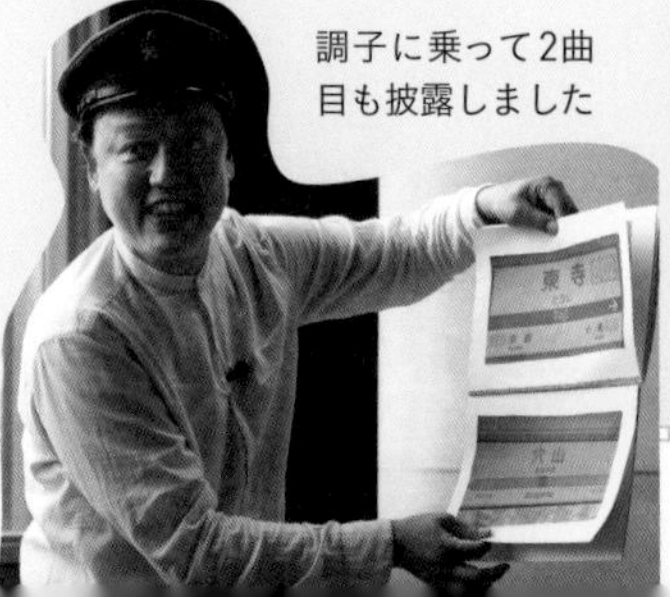

調子に乗って2曲目も披露しました

月江寺駅～富士山駅間

あの少女が！ 数年ぶりの再会に感動

前にお会いしましたよね？

いやぁ～、大きなった～

5年前くらいに

鉄道マニア第7世代その③

かつて番組ロケに参加した少女と再会。鉄道BIG4の旅も長いことやってるんですねと、感慨にふけります

初恋「ラピート」と結婚したい♡

ラピート大好き撮り鉄
榛地望乃さん

2014年4月11日の放送時のひとこま。「鉄道BIG4とロケに行きたい人」と銘打ったオーディション、2000通の応募から選ばれました

ラピートに恋した少女

最後に大事なミッションが待っています。それは、本号の表紙撮影。先ほど乗った「富士山ビュー特急」と富士山を入れ込んだ、決定的瞬間を狙おうという目論見です。

月江寺(げっこうじ)駅～富士山駅間の撮影ポイントへ向かう途中、もうひとつの出会いが用意されていました。線路際にたたずむ若き女性。それは、2014（平成26）年に放送された「笑神様は突然に…」に登場した14歳の少女、榛地望乃(しんちの の)さんの現在の姿でした。

当時、南海電鉄の特急列車「ラピート」に恋心を抱いていた榛地さんは、番組のロケ参加募集企画に応募。鉄道BIG4の手助けによって、ラピートに〝愛の告白〟をすることができたのです。

驚きを隠しきれず、「大人になったなぁ」と感慨にふける鉄道BIG4と大輔さん。現在は鉄道会社に勤めていると聞き、その一途(いちず)な鉄道愛に、誰もが心を揺さぶられました。

さて、だんだん雲行きが怪しくなってきました。富士山がいまにも隠れてしまいそうでヒヤヒヤしていたのですが、どうにかご機嫌を損ねずにすみ、表紙撮影は無事に終了。

これにてロケは大団円を迎えました。みなさん、お疲れさまでした！

みんなで記念撮影！

奇跡の1枚

※記載のダイヤは取材時、
2019年12月のものです。

※P.64の答え

音1は「都営浅草線5300形」
音2は「東急田園都市線8500系」
音3は「京急1000形」
音4は音1と同じ
音5は「京成3700形」
音6は「京成3400形」

レギュラー出演者が選ぶ

「鉄道BIG4」傑作選ベスト10＋1

鉄道が大好きな芸人が鉄道にこだわった旅をする「鉄道BIG4」。

毎回、鉄道ファンには「うんうん」と共感する発言や、番組にふさわしい笑いが起きている。

ここでは、レギュラー出演者が選んだ傑作選を紹介する。

2013年4月19日(金)放送

さようなら京阪テレビカー

出演者:宮川大輔、中川家礼二、吉川正洋、岡安章介、南田裕介

8000系に合わせて2階建て車が組み込まれた旧3000系。最後の1本が京阪本線を疾走する。5両目がダブルデッカー、手前の4両目がテレビカー

意外なトラブルに遭遇

大阪府の淀屋橋(よどやばし)駅に集合した鉄道BIG4と宮川。鉄道にさほど興味のない宮川のお目当ては、京阪電鉄名物のフランクフルトである。かつて淀屋橋駅で販売されていたが、すでに取り扱いがなくなったと聞かされ、宮川はすっかり意気消沈する。

一行は2代目3000系に乗車し、3駅先の京橋(きょうばし)駅で下車した。目的は、2013(平成25)年に引退する初代3000系(8000系30番代に改番)「テレビカー」とのお別れ対面である。この車両は1971(昭和46)年にデビューした特急専用車で、客室にテレビを最後まで設置した系列である。

5000系が入線すると、鉄道BIG4はそっちに熱中。「フランクやろ、フランクを指し棒に使うな!」と宮川が激怒

寝屋川車両基地に並ぶ京阪電車。奥の2編成が5000系だ

すると、フランクフルトに未練があった宮川がホーム上に売店を発見したのだ。さっそく宮川は4人を引き連れてフランクフルトを購入したそのとき、日本初の多扉車の5000系5扉車が入線してきたのである。

BIG4はフランクフルトそっちのけとなり、あげくの果てにフランクフルトを指し棒にして、日中は5扉のうちの2扉を閉鎖して3扉となることなど、5000系の魅力を語り合う始末。

ところが、11時ごろに京阪本線で停電が発生した。列車はまったく動かず、京橋駅停車中の列車のパンタグラフが下がる珍現象が起こり、これはこれで貴重なものが見られたとBIG4は大喜びである。

ハイアングルカメラがとらえた、営業中の列車がパンタグラフを降ろした決定的シーン

初代3000系の最後の雄姿を目に焼き付け、お別れを果たした鉄道BIG4

「すみません、完全プライベートです」と話す久野さんは、大の鉄道マニア。テレビカーにさよならを言っていたら、アナウンサーとマネージャーが奇跡の出会いを果たした！ その瞬間に笑神様が降りてきた

架線が通電すると、待望のテレビカーがホームに入線してきた。そうしたなか、テレビが設置されている4号車には、鉄道ファンでもあるホリプロ所属の久野知美（くのともみ）アナウンサーがお忍びで乗車しているのが見つかった。ＢＩＧ４に見つかってばつが悪そうな久野アナに対して、彼女の担当マネージャーである南田は一言**「ようやったな」**。

【登場した主な車両】

3000系（2代目）
8000系50番代（旧3000系）
5000系

【笑神ポイント】

「フランクやろ！　何十年ぶりのフランクやのに！　岡安、フランクを撮れや!」（宮川）。思い出のフランクフルトをそっちのけで、鉄道談義をするBIG4に対して。

【鉄道ネタ解説】

集電装置であるパンタグラフは営業中に架線から離れることはまずないが、パンタグラフが接触している状態で架線が無電から通電に切り替わると、パンタグラフが破損する恐れがある。京阪の停電の際に、駅で停車している車両のパンタグラフが下がったのは、これを防ぐ目的があった。

2014年3月21日(金)放送

丸ごと1時間鉄道スペシャル

出演者:宮川大輔、中川家礼二、岡安章介、南田裕介
刺客:ニコル、長与航己、徳永ゆうき、越中詩郎、向谷 実
ゲスト:岡安両親

江ノ島〜腰越間の併用軌道区間を走る。路面電車規格の江ノ電で、最も路面電車らしい場所だ

5人の刺客とクイズ対決

今回は「鉄道BIG4で1時間」の回で、スタジオの観覧客もみな鉄道ファンである。ロケは神奈川県の江ノ島電鉄で旅をしながら、番組内で発言が少ない岡安と、5人の鉄道ファンによるクイズ対決が行われた。

藤沢駅からレトロな300形に乗車し、鎌倉に向けて出発する。江ノ島駅の資料館ではJJモデルで〝鉄子〟のニコルが第1の刺客として待っていたが、岡安はあえなく敗退。続いて江ノ島〜腰越(こしごえ)間の併用軌道沿いの食堂で、一般から選ばれた小学生の長与航己(ながよこうき)くんと対決。小太りで坊主頭の彼は、駅で配布されている時刻表収集と「食い鉄です」。

モデルのニコルに敗れ、呆然とする岡安

岡安さん、
1敗目

「先日、東京メトロ千代田線と直通するJR常盤緩行線の松戸の車庫に所属している209系1000番代がシングルアームに一部換装されましたが、その編成は何編成でしょうか?」 狼和樹くんからの出題、岡安、わかるか?

スタジオ観覧客からの難しい質問に唖然（あぜん）とするが、2択問題にしてもらい、当ててしまう

「（キャラが立っているから）対決せんでも負けている」（宮川）の言葉通り、ここでも岡安は敗退した。

再び乗車して、鎌倉高校前駅で下車。ホームには演歌歌手の徳永ゆうき、そして並行する国道には岡安のご両親が待っていた。ご両親が見守る中、演歌界一の鉄道ファンとの対決にも敗退し、負け越しが決定した。

それでもクイズ対決は続き、極楽寺駅に隣接されている車両基地へ移動。保存車両の１０８形を見学後、プロレスラーで小田急が大好きな越中詩郎と対決。乗るのは好きだが鉄道知識があまりない越中には勝利し、岡安はようやく一矢報いた。

極楽寺駅へ移動すると、駅前に

極楽寺駅に隣接する極楽寺検車区。ここで貴重な車両を見学させてもらった

岡安 vs 刺客	
1. ニコル(モデル)	×
2. 長与航己(食べ鉄)	×
3. 徳永ゆうき(歌手)	×
4. 越中詩郎(プロレスラー)	○
5. 向谷 実(ミュージシャン)	×

クイズ対決は1勝4敗で岡安の敗退。罰ゲームとして自宅が鉄道ルームに改装された

は"ラスボス"のごとく、ミュージシャンの向谷実(むかいやみのる)が待ち構えていた。もちろん、ひとたまりもなく岡安は敗退し、結局1勝4敗の成績で「岡安鉄分向上クイズ対決」は終了した。

負けた岡安には後日スタッフによって自宅の部屋に電車の座席、吊革、方向幕、駅名標などで装飾された「鉄道ルーム」への改造という罰ゲームが執行された。

【登場した主な車両】
300形
1500形
100形

【笑神ポイント】
「なに正解しているんだ!」(内村)。ロケではさんざんな成績だった岡安だが、観覧客から出された2択問題は当ててしまう。
「どうですか息子さん」(宮川)「もう少し張り切ってもらいたい」(岡安父)。自身も鉄道ファンの岡安父だが、番組であまり活躍していない息子を叱咤(しった)した。

【鉄道ネタ解説】
「併用軌道」とは道路上に線路が敷設された区間を称し、路面電車によく見られる。軌道内は自動車の通行を禁止している都市もある。

2014年7月25日（金）放送

内村さんと房総半島横断の旅

出演者：宮川大輔、中川家礼二、吉川正洋、岡安章介、南田裕介
ゲスト：内村光良、壇 蜜、レイザーラモンRG、井戸田 潤

田園の中をクリーム色と朱色に塗り分けた小湊鐵道キハ200形が行く

内村がロケに参戦！

今回は千葉県の小湊鐵道といすみ鉄道に乗る旅である。そして初めて番組MCの内村光良がロケに参加した、記念すべき回でもある。**「駅に来てるっていうのは臭うんだけど」**（内村）**「奴らが待っています」**（宮川）。五井駅で合流した鉄道BIG4と宮川・内村は、車庫に向かう。

車庫に移動したのは気動車の運転体験を行うためだ。30分の学科講習を終え、構内を時速約15㎞で運転する。

ひと通り運転を体験した後は、列車に乗って上総中野方面へ移動。田園地帯を走る気動車の旅の途中、上総三又駅のホームでレイザーラモンRGが、馬立駅ではテンガロンハットをかぶったスピードワゴンの井戸田潤が待っていた。そ

運転体験は五井駅構内で実施。内村は初めての鉄道車両運転だった

楽しそうに軌道自転車に乗る鉄道BIG4。仲のよさが垣間見られる

れぞれ持ちネタを披露して、内村をおもてなし。

そして上総鶴舞駅で壇蜜が乗車して、以後の旅を一緒にすると、壇蜜にデレデレのＢＩＧ４は、「熱海に行ったことがある」の話に、**「新幹線？　在来線？　踊り子？　小田原までロマンスカー？」**とたたみかけるように質問を繰り返すのであった。

一行は養老渓谷駅で下車し、南田イチ押しの軌道自転車を体験した。保線点検用の作業車を、行楽シーズンにレジャー向けに開放しているもので、まず内村と壇蜜のペアで構内を走行。これを見たＢＩＧ４も乗りたいと、礼二と南田がペダルをこぎ、残り２人は後ろに乗って、４人仲よく軌道自転車を満喫した。

国鉄色に塗り分けられたいすみ鉄道キハ28形2346号。かつては房総半島の国鉄線でも運用された車両で、「レストランキハ」に使われている

春のいすみ鉄道の沿線は、桜と菜の花が咲き乱れる

鉄橋からムーミンが釣り糸を垂らしている

「ムーミン」をあしらった車両が走るいすみ鉄道は、鉄橋にもムーミンを用意していたが、すでになくなった

上総中野駅に移動した一行は、いすみ鉄道の鳥塚社長（当時）に出迎えられ、大多喜駅まで同乗した。ここまで食事時間が全くとられていなかったのは、「レストランキハ」に乗車するため。週末限定で地元の食材を使った料理がいただける企画列車で、この日は本格的イタリアンにコースに舌鼓を打った。**「千葉のローカル線というのが信じられない」**（内村）

【登場した主な車両】

小湊鐵道キハ200形

いすみ鉄道350形・キハ28形

【笑神ポイント】

「どうやるの?」(内村)「俺らが知りすぎている」(礼二)。運転体験と同時に車掌体験もした。BIG4は当たり前のように車内放送ができたが、内村はマイクの使い方がわからなかった。

【鉄道ネタ解説】

運転体験は地方私鉄を中心に実施しているところが多い。日時は各社のホームページを確認されたい。

2014年10月10日(金)放送

寝台列車に乗って出雲へ

出演者:宮川大輔、中川家礼二、吉川正洋、岡安章介、南田裕介
ゲスト:六角精児

定期列車では唯一の寝台列車である「サンライズ出雲/瀬戸」車内は住宅メーカーが設計したオール個室寝台である

大人の修学旅行を満喫

21時半の東京駅丸の内南口に集合した鉄道BIG4と宮川、そしてゲストの俳優・六角精児(ろっかくせいじ)。これから寝台列車「サンライズ出雲(いずも)」に乗車すると知らされると、「やったー!」と諸手を挙げて大喜びだ。非鉄の宮川でも**「これはたまらんな」**と笑顔を隠しきれず、ホームに横付けされた285系の個室寝台を見て、いちばんテンションが上がっていた。

車内に入ると6人は、さっそく一室に集まって明かりが灯る車窓を肴に、缶ビールで乾杯。鉄道談義は尽きず、名古屋付近を通過する深夜2時25分ごろまで起きていた。それは「大人の修学旅行」のようだった。

もう寝られへんかな、どのタイミングで寝るか、いやもう寝ないか

夜行寝台列車に乗る喜びを
率直に表現する鉄道BIG4

1つの個室に集合しての鉄道
談義は、深夜まで続いた

鉄道BIG4が訪れた出雲大社前駅
は、丸い屋根が特徴的。ステンド
グラスもはめられている

北松江線と大社線が分岐する川跡
(かわと)駅でのひとこま。左の
ミラーには2色の3000系(元南
海21000系)、右には2100系(元
京王5000系)が写り込んだ

翌朝は岡山駅での「サンライズ出雲」「サンライズ瀬戸」の切り離しを宮川にも見せたい南田は5時55分に起こしに行く。夕べの就寝時間が遅かった宮川は**「マネージャーやないんやから」**ともっと眠りたいようだったが、BIG4とともに切り離し作業を見学した。

東京駅からほぼ12時間かけて出雲市駅に到着した一行は、隣接する一畑(いちばた)電車・電鉄出雲市駅に移動し、元南海21000系ズームカーの一畑3000系に乗り、出雲大社前(たいしゃまえ)駅へ。駅前は出雲大社の参道に続いている。

出雲そばの昼食後は、元京王5000系の2100系「ご縁電車しまねっこ号」に乗車して、車庫が併設されている雲州平田(うんしゅうひらた)駅へ。ここで1928(昭和3)

出雲大社前駅は国の登録有形文化財に登録されています

雲州平田駅で体験運転をしたデハニ50形。写真は同型車で出雲大社前駅で展示されているデハニ50形52号

ブドウ畑が続く遥堪〜浜山公園北口間を走る3000系

年製のデハニ50形の運転を体験した。古い車両なのでブレーキのかけ具合が難しく、吉川と宮川は停車位置から数センチ差で停めたが、南田と岡安はオーバーし、六角はずいぶん手前で停車した。

運転体験を楽しんだ後は、2100系のビール電車「酔電（すいでん）」に乗車。酒好きの六角も大勢での旅の楽しさを知ってえびす顔になった。

【登場した主な車両】
JR285系
一畑3000系・2100系・デハニ50形

【笑神ポイント】
「もう寝られへんかな、どのタイミングで寝るか、いやもう寝ないか」（礼二）。寝台車に乗る興奮が隠せないBIG4。
「みんなでワイワイやるのって楽しいね」（六角）。普段はひとり旅をしているそうだが、同好の士が集まる旅も楽しいと知った六角の発言。

【鉄道ネタ解説】
一畑デハニ50形は、小荷物室が併設された半鋼製の単行電車で、床板は木製、座席はロングシートである。2009（平成21）年に営業運転から引退した。現在は出雲大社前駅と雲州平田駅に留置されている。

2014年11月7日(金)放送

京成スカイライナーと新京成で駅員体験

出演者:宮川大輔、中川家礼二、吉川正洋、岡安章介、南田裕介
ゲスト:松井玲奈

最高160km/h運転を行い、日暮里〜空港第2ビル間を36分で結ぶ京成電鉄AE形「スカイライナー」。デザインは山本寛斎氏が担当した

あこがれの駅員体験

日暮里駅北口の跨線橋に宮川が向かうと、鉄道BIG4だけでなく、SKE48(当時)の松井玲奈が待っていた。今回はこの6人で京成電鉄AE形「スカイライナー」に乗車して成田空港へ向かう。ところが海外ロケが多い宮川は、なじみがありすぎる成田空港へ行きたがらない。**「いつもはどうやっていくのですか」**(南田)**「ロケバス」**(宮川)。一方でBIG4の鉄道談話の濃さにいつも辟易している宮川が、鉄道好きの松井についていけるかと問えば、**「後悔していないですよ。色んな話聞けるから楽しいです」**と頼もしい言葉が聞かれた。

スカイライナーの最高時速

連結部の渡り板を出したまま空港第2ビル駅に入線した3600形。宮川の顔まねはそっくりだ

ゲストはアイドルの松井玲奈。なかなかの鉄道ファンだ

新京成電鉄駅員の制服を着用した鉄道BIG4と宮川・松井

160㎞運転を体感した一行は、空港第2ビル駅で下車し、京成成田駅へ向かった。成田山新勝寺の表参道に軒を連ねているうなぎ屋はパスして、昼食は南田の案内でみたらし団子となった。

京成津田沼駅に移動した一行は、新京成電鉄へ。運転台背後からカーブの多い線路を見て宮川は**「うなぎを思い出した。食べたかった」**

北習志野駅で下車すると、新京成電鉄の広報担当が鉄道のさまざまな仕事を体験する企画を準備していた。その前に一行は、駅員のまかない飯をごちそうになる。

お腹を満たした一行は制服に着替えて、ホームでの列車監視を体験。一番手の礼二の動作があまりにもスムーズで、笛の吹き方も堂

新京成電鉄でごちそうになったキーマカレー。まかない飯のレベルが高い

これがまかない飯?
カフェご飯みたい

「くぬぎ山のタヌキ」の異名を持つ新京成の先代のカラーリング

【登場した主な車両】

京成AE形、3600形
新京成8800形

【笑神ポイント】

「隅田川を渡って、荒川で江戸川」(礼二)「その間に」(添乗の京成社員)「中川だな」(礼二)。旧知の京成社員と沿線案内をやりとりしたところ、これはネタだった。
「うなぎが食べられなくて僕はギスギスしていたでしょう」(宮川)「大人げないと」(松井)。松井は食事より鉄道の"鉄子"である。

【鉄道ネタ解説】

鉄道連隊の演習線跡を流用した新京成電鉄の路線は、演習用にわざとカーブをたくさん造ったことから、現在もカーブ区間が多いとの一説が残っている。

駅員の作業が板についている礼二。聞けば自宅でいつも練習しているそうだ

に入っていたのは、**「ずっと家でやっていること」**(礼二)とのことだった。

次はくぬぎ山車両基地に移動し、松井が車両牽引操作を体験する。

またこのロケ中に新京成から、BIG4と宮川・松井へ車内自動放送のアナウンス録音を依頼された。これは11月8～22日の期間限定で、新京成車内で実際に放送された。

2015年2月20日(金)放送

一度は乗りたいストーブ列車

出演者:宮川大輔、中川家礼二、吉川正洋、岡安章介、南田裕介
ゲスト:松井玲奈

冬の津軽名物で、全国的に知られているストーブ列車

20回目の鉄道ＢＩＧ４

雪が積もる津軽五所川原駅前に集合した鉄道ＢＩＧ４と宮川・松井の6人。今回は〝非鉄〟の宮川も一度は乗ってみたかった津軽鉄道ストーブ列車の旅から始まる。出札口できっぷを購入すると硬券で、松井は大興奮。なぜなら生涯で初めての硬券で、きっぷへの入鋏も初体験だった。**「鉄道ゆとり世代だ」**(礼二)。

ストーブ列車のダルマストーブに石炭を追加に来た車掌は、石炭の説明を津軽弁で披露した。**「なまりもよろしい。風情ですね」**と宮川もゴキゲンに。車内販売からスルメを購入すると、女性アテンダントがストーブで焼いてくれた。昔は朝方に行商人がストーブでお

1975年に国鉄から弘南鉄道に移籍したキ105。同種の除雪車で現役なのは、弘南在籍車のみである

松井による津軽弁の愛の言葉。かわいらしさが倍増した

津軽鉄道の御厚意で、松井が初めてのタブレット交換を体験。平成生まれの松井には、実物のタブレットを見たのも初めてだった

にぎりを炙っていたそうだ。ここで南田がアテンダントに津軽弁で**「あなた仕事できそうですね」**のセリフをリクエストするや、**「(彼は)言われたことない」**と礼二が茶々を入れた。

列車は金木駅に到着。ここは**「鉄道ファンにはたまらない場所」**(吉川)、タブレット交換を行うのだ。寒さをものともせず、BIG4と松井はホームに降り、カメラを抱える宮川は渋々ついて行った。

終点の津軽中里駅に着き、津軽鉄道を完乗した一行は、弘南鉄道中央弘前駅へ移動した。ここから元東急7000系のデハ7000形で大鰐駅に向かう。

大鰐駅には、車両の顔(前面)が好きな〝顔鉄〟の松井に見せたい車両があったのだ。それはイカ

東急電鉄から移籍した弘南鉄道デハ7000形。弘南鉄道入線に際しては、雪国ゆえ暖房強化が施された

ホント、南田さんには笑いの神様がよく降りるね

相撲対決の前に四股を踏んで、ズボンが破れた南田。彼はここぞというときに笑いをとる

【登場した主な車両】
津軽ストーブ列車、津軽21形
弘南デハ7000形、キ105

【笑神ポイント】
「もしかして砂丘号のやつかな、あははははー。熱ぅっ」(南田)。タブレット交換の映像を見たことがあるとの松井に興奮気味の南田が、ついダルマストーブの枠に手をつけて、やけどをしかけた。

【鉄道ネタ解説】
雪国の鉄道に不可欠な除雪車両は、積もった雪を押し分ける「ラッセル車」と、雪を遠くへ飛ばす「ロータリー車」が代表的な除雪車だ。

ツイ面構えをしたラッセル車のキ105。ラッセル車を押す電気機関車ともども見学していると、弘南鉄道のマスコットキャラクター「ラッセル君」が顔を見せた。

そこでBIG4とラッセル君の雪上相撲対決が実施された。ところが、南田が四股(しこ)を踏むと、ズボンのおしりが破れるアクシデント！ 最後は**「ハプニングを呼び込む」**(内村)南田が笑いをさらっていった。

2015年4月10日(金)放送

近江鉄道とリニア・鉄道館の旅

出演者:宮川大輔、中川家礼二、吉川正洋、岡安章介、南田裕介
ゲスト:松井玲奈

貨物輸送も行っていた近江鉄道には、電気機関車が多く在籍した。彦根駅構内で保存されたが、老朽化により大半は解体された

宮川、鉄道に目ざめる

おなじみの松井玲奈をゲストに、滋賀県の近江(おうみ)鉄道新八日市(しんようかいち)駅前に集合した鉄道BIG4と宮川。今回は間もなく営業運転を終了する220形に会いに行くのだ。高宮(たかみや)駅へ向かう車中で、同行した近江鉄道の広報担当と**「高校生によく言われるのが、チャリ(自転車)で抜ける」**(広報担当)**「滋賀に営業で来ると、それを(トークの)つかみにしています」**(礼二)と、和気あいあいの会話が広がった。

高宮駅で下車し、220形に乗り換えた。この車両は自社製造の両運転台車で、既存車から部品を流用し、現在では貴重な吊掛(つりかけ)モーターを搭載する。宮川を除く5人はスマートフォンを床に近づけて、うなるような低いモーター

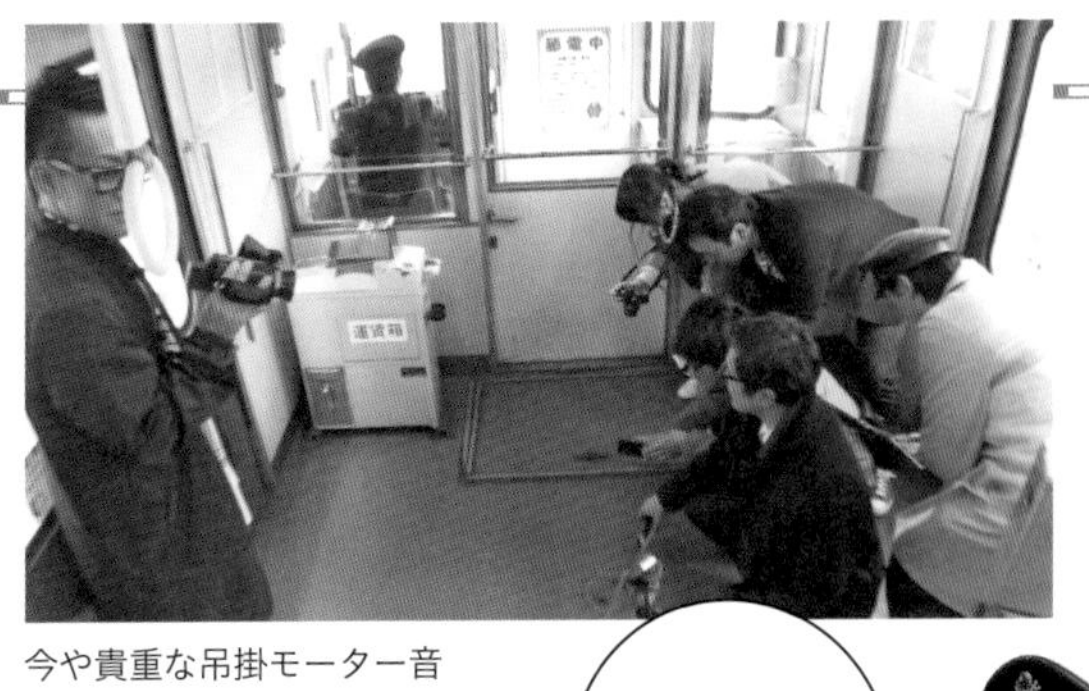
今や貴重な吊掛モーター音を録音する鉄道BIG4と松井。知らない人が見れば、おかしな光景である

鉄道趣味に目ざめた宮川が、古強者の電気機関車を愛おしそうになでている

音を録り始めるが、宮川が語りかけると**「シー！」**とたしなめられた。

彦根駅では跨線橋の上から古い電気機関車群を発見した宮川が、自ら**「見に行こう、あそこ」**と皆を誘う。ここはかつて貨物輸送も手がけた近江鉄道の機関車を展示する「近江鉄道ミュージアム」で、凸型電気機関車や貨車などが留置されている。愛おしそうに車体に触れる宮川の姿は、これまでのBIG4の旅では見かけなかったものだった。

駅事務所での昼食後に、読み札を公募した「鉄道BIG4かるた」を紹介、そして近江鉄道から220形に取り付けるオリジナルの方向幕の製作を勧められ、一行は営業運転終了間近の220形への想いを込めた文字をしたためた。

ここから車で米原駅へ向かうと、ちょうどドクターイエローが通過するころだと、南田が情報を寄せた。うまく米原駅で遭遇し、新幹線で名古屋へ、そしてあおなみ線

愛知県名古屋市のリニア・鉄道館には、貴重な車両が数多く展示されている

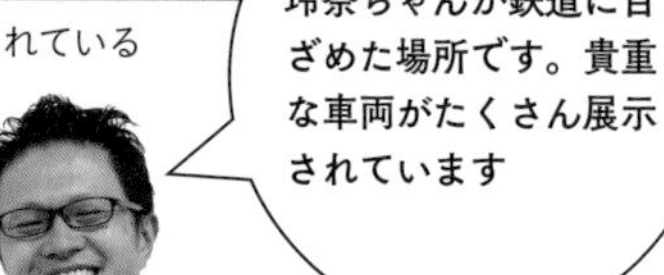

玲奈ちゃんが鉄道に目ざめた場所です。貴重な車両がたくさん展示されています

2003年に山梨リニア実験線で当時の世界最速581km/hを記録したMLX01-1

2020年3月に東海道新幹線での営業運転を終了した700系

に乗り換えてリニア・鉄道館へ到着した。

ここは松井が鉄道好きになったきっかけの施設で、展示物の0系に対面すると泣き顔に。また、先代のドクターイエロー922形電気軌道総合試験車も見学し、一日で新旧のドクターイエローにも対面できた。

【登場した主な車両】

近江100形・220形
国鉄0系、922形

【笑神ポイント】

「(BIG4のロケに) 二十何回行っているけど、正直言うけど俺も興味持ってきているよ」(宮川)。鉄道に魅力を感じてきていることをカミングアウトする宮川。

【鉄道ネタ解説】

近江鉄道ミュージアムは、資料の老朽化に伴い、2018 (平成30) 年12月に閉館したが、翌年11月に規模を縮小して八日市駅で再開した。

2015年7月17日(金)放送

お座トロ展望列車とプロレス列車

出演者:宮川大輔、中川家礼二、吉川正洋、岡安章介、松井玲奈、南田裕介

今回から松井玲奈が「チーム鉄道BIG4」のレギュラーに。南田から渡された記念のたすきを掛けて、カメラの前で敬礼のポーズ

今回から松井玲奈ちゃんが正式に鉄道BIG4に加入しました

南東北の元気なローカル線

松井玲奈がレギュラーに加わった記念すべき回は、福島県の会津鉄道会津田島駅で待ち合わせ。ところが礼二が遅刻してしまい、5人での出発となった。

日本に2カ所しかない茅葺き屋根の駅舎をもつ湯野上温泉駅で下車する。囲炉裏のある待合室も含めて、一同は駅舎の見事さに感嘆の声を上げた。駅前には無料の足湯があり、ここで礼二が合流、遅刻したことをしきりに謝っていた。

湯野上温泉駅からは「お座トロ展望列車」に乗車する。これはお座敷・トロッコ・展望席と3つのタイプの車両が楽しめる会津鉄道の観光列車だ。まずトロッコに乗車し、掘りごたつ風のお座敷車、展望席と見て回り、観光列車を満

湯野上温泉駅は、最寄りの観光スポットである大内宿に合わせて茅葺き屋根の駅舎としている

お座敷列車とトロッコ車両、前面展望が一度に楽しめる、会津鉄道ご自慢の「お座トロ展望列車」

この「お座トロ展望列車」の写真は3両編成時代のものです

喫した。

門田駅で下車し、去りゆくお座トロ展望列車を見送っていると、**「ディーゼルの煙がうっすら見えている」**(松井)**「玲奈ちゃん、見るところが渋くなってきたねぇ」**(南田)**「ディーゼルが好きと気づいたのです」**(松井)。BIG4と旅をすることで〝鉄子〟としてさらに成長したようだ。

続いて山形県の山形鉄道フラワー長井線宮内駅へ移動。車内では方言(置賜弁)ガイドが見どころを案内するなど、サービスは満点だ。四季の里〜荒砥間の最上川橋梁は、東海道本線木曽川橋梁を転用したもので、この橋梁を渡り終点の荒砥駅に到着した。

ここで山形鉄道の社員から、前代未聞の企画を練習中だと教えら

雪を抱いた山をバックに、田畑の中を快走する山形鉄道YR-880形

1887年に木曽川に架設された東海道線の鉄橋を、1923年に移設した山形鉄道の最上川橋梁

れ、一行は見学に行くこととなった。そのイベントはなんと車内でプロレスの試合を行う「ローカル線プロレス」。BIG4は鉄道をモチーフとした「踏切チョップ」「ドアチョップ」などを提案し、イベントの成功を祈願した。

【登場した主な車両】

会津AT-650形、AT-400形、AT-350形、AT-100形
山形YR-880形

【笑神ポイント】

「ちょっと待って、どっちや」(宮川)。江戸時代の宿場町で、茅葺き屋根が多く残る景観地区の大内宿にて、そば店とせんべい店が並んでいた。以前、食事の前に団子を食べさせられたうらみがある宮川の一言。

【鉄道ネタ解説】

会津鉄道のお座トロ展望列車は、お座敷車AT-103、トロッコ車AT-351、展望車AT-401の3両編成だったが、2016（平成28）年にAT-103が廃車され、現在はAT-401に新しいお座敷車を組み込んで2両編成での運行となった。

2015年12月23日（水）放送

チーム鉄道BIG4 in 台湾

出演者：宮川大輔、中川家礼二、吉川正洋、岡安章介、南田裕介

台湾鉄道の「プユマ号」に乗車して、わくわく感が止まらない鉄道BIG4

2日間で台湾の鉄道を満喫

初めての海外ロケは台湾。**「（テンションは）野辺山駅ぐらい高いです」**（吉川）と鉄道ＢＩＧ４だ

玲奈ちゃんにメールを送らないと

七堵駅で色違いの「プユマ号」を発見。"顔鉄"の松井が喜ぶだろうと南田がスマートフォンで撮影した

台湾新幹線は、海外で初めて日本の新幹線技術で開業した高速鉄道である

けでなく宮川も興奮を隠しきれない様子である。

台北（タイペイ）駅には列車の発車時間を表示する反転フラップ式案内表示機（通称、パタパタ）や、日本と異なる列車に目を奪われ、**「時間が足りませんね」**（吉川）**「もっと早よ来たらよかったな」**（礼二）と、頭の中はパニック状態に陥っていた。

台北駅から「プユマ号」に乗車。七堵（チードゥー）駅で下車すると、別のホームには色違いの「プユマ号」を南田がスマホで撮影する。台湾ロケに来られなかった、〝顔鉄〟の松井に見せたかったのだ。

この駅では約100年前に製造された台湾総督専用の特別車両「総督花車」を見学した。日除けは網戸と鎧戸を併設。さらにレストランもある豪華な車両に、ご満悦の様子だった。

続いて普通列車に乗って瑞芳（ルイファン）駅へ行き、さらに渓谷に沿って延びるローカル線の平渓（ピンシー）線に乗り換えた。すると、係員がBIG4を特別に運転席に案内してくれて、台湾の鉄道でも前面展望が楽しめた。十分（スウテン）駅前は、商店の軒先ぎりぎりに列車が走る有名ポイント。BIG4が乗車した列車も何度も警笛を鳴らしてゆっくり通過していった。

礼二が帰国した2日目は、再び台北駅からスタート。すると駅構内で宮川が駅スタンプを発見。宮川はBIG4と旅をするようになって、密かに駅スタンプを集める趣味を持っていたのだ。台湾新幹線で下車した台中（タイツォン）駅でも駅スタンプを押印し、**「真剣勝負ですから」**

台湾の鉄道ファンが経営するお店には、鉄道グッズがいっぱい

台湾の鉄道ファンが経営する食堂には、鉄道グッズが満載だった

大輔さんが鉄道趣味を見つけました

鉄道BIG4の影響で宮川が始めた駅スタンプの収集。けっこうな数のスタンプを集めている

【登場した主な車両】
TEMU2000型、700T型、EMU800、DR1000

【笑神ポイント】
「何が食べたいですか?」(車内販売嬢)「あなたを食べたいです」(礼二)「イヤ〜、ダメです」(車販嬢) と笑いの日台交流。

【鉄道ネタ解説】
反転フラップ式案内表示機は、数字を記した薄い板の一辺を円盤にまとめて、回転することで数字が変わっていくもの。動作時の「パタパタ」音から、「パタパタ」と俗称される。

(宮川) とかすれのない押印を目指すほどの熱の入れ方だ。

台中駅からは1970年代の客車を運用する「莒光号(ジーグァン)」に乗車した。

さまざまな列車を満喫した一行が最後に訪れたのは、台湾人の鉄道ファンが日本の駅名から命名した「福井食堂」。店内には鉄道グッズが所狭しと並び、スタンプも大量にあった。これには宮川が大喜びだった。

2019年1月1日(火)放送

岡安ドッキリ企画 Part 2 in 京都

出演者:宮川大輔、中川家礼二、吉川正洋、岡安章介、松井玲奈、南田裕介
ゲスト:芳根京子

2014年2月7日放送の東急電鉄の回で、向谷実から伝授された「大人のかぶりつき」を実践する礼二

岡安妻もドッキリに協力

京都府の叡山電鉄八瀬比叡山口駅で待ち合わせた鉄道BIG4と宮川。今回はJR東日本の駅ナカコンビニエンスストアのコマーシャルに出演している芳根京子がゲスト。まずは2018(平成30)年にデビューした観光列車「ひえい」に乗車する。特徴的な楕円形は比叡山の神秘的で荘厳な雰囲気を表現した。

今回はいつもの旅とちょっと異なる企画が同時進行していた。放送で出番が少ない岡安を心配した奥さんが仕掛け人として、ロケではよくしゃべっているのかを探るため、メイク係に変装してロケに同行する、岡安へのドッキリ企画第二弾である。

出町柳駅を発車する「ひえい」と入線する800系。「よい光景」と鉄道BIG4には高評価だった

大胆なデザインの叡山電鉄「ひえい」は、既存車両を改造した車両

ホームと屋根をクスノキが貫いている京阪電鉄萱島駅。1日の乗降客数は約4万人だ

昼ごろに「ひえい」は出町柳駅に到着。折り返していく「ひえい」を見送った後、一行は昼食をとらずに京都鉄道博物館へ移動した。3年前の梅小路蒸気機関車館ロケの際はまだ建築中で、建物の一部と0系新幹線がハイアングルカメラ越しに見られたが、今回は堂々と入館だ。館内には吉川や岡安のファンがおり、両人が即興で鉄道漫才を披露。**「チビっ子たちが笑ってたんで、頑張った、嬉しかった」**(岡安妻)

「スシがある」とお腹が空いている芳根を「トワイライトエクスプレス」の展示車両(スシ24形)へ連れて行くいたずらをすると、芳根はすっかり元気がなくなったが、博物館を出てからスッポンの昼食を提供すると、機嫌を直して

伏見稲荷駅に入線した2400系。南田は屋根上の分散式冷房装置にひとり興奮していた

ロケの最終盤になってようやく奥さんに気がついた岡安。電車内でも近くにいたのに「やけにメイクさんが近いな」と思っただけだったとは……

くれた。

その後一行は京阪電鉄伏見稲荷駅に移動し、2400系で大阪府の萱島駅へ向かった。この駅は萱島神社の御神木、樹齢700年のクスノキが高架ホームと屋根を突き抜けている珍しい駅で、列車から降りた芳根は、「何で何で？」と感動しきりに小走りにクスノキに近づいた。ホーム下に鎮座する神社へのお詣り後、やっと岡安はメイクさんが奥さんだと気がついた。

【登場した主な車両】
叡山電鉄732号「ひえい」
京阪2400系

【笑神ポイント】
「今、新幹線が入ったら西村京太郎シリーズと思う」(撮り直しを要求する“演出担当”の礼二)。東海道新幹線・東海道本線が間近に見られる京都鉄道博物館のスカイテラスで、芳根京子初主演舞台の宣伝VTRを撮影していると、何度も列車が通過して音がかぶる。

【鉄道ネタ解説】
「スシ」とは車体重量37・5トン以上42・5トン未満（ス）の食堂車（シ）を示す客車の形式称号。「トワイライトエクスプレス」の食堂車はスシ24形である。

番外編

2014年4月11日（金）放送
初恋の南海「ラピート」

出演者：宮川大輔、中川家礼二、吉川正洋、岡安章介、南田裕介
ゲスト：榛地望乃、長与航己

閉館間際の交通科学博物館。右の電車が80系である

少女の願いをかなえる旅

今回はホームページで鉄道BIG4と一緒に旅をする人を公募した1500通超の中から選ばれた榛地望乃さん（当時中3）と、江ノ電の回で岡安とクイズ対決をした〝食い鉄〟小学生の長与航己くんが同行する。

まずは4月6日の閉館を間近に控えた交通科学博物館（大阪市）を訪問する。ロケ日も鉄道ファンが思い思いに博物館とお別れをしているなか、人気の101系電車の車掌体験シミュレーターを小学生の航己くんに我慢させて、「その間に1回だけ」と南田がドア操作をする大人げない行動に**「おかしい、異常な行動ですよ」**（宮川）とたしなめる。

BIG4はボンネット型気動

103系シミュレーターで
車掌体験を抜け駆けする
南田。実に楽しそうだ

交通科学博物館で知り合ったファンも連れて仲よく昼食。「鉄道って人をつないでくれるな」

車のキハ81形、前面3枚窓の80系電車などを見学するうちに、キャラの濃い鉄道ファンを巻き込んでいく。

　昼食は礼二が推薦する難波駅近くの店へ。じゃんけんに負けた礼二が会計をするが、人数が増えて持ち合わせが足りなくなり、たまたま娘さんと大阪に来てロケ現場にいた奥さんにお金をもらうハプニングも。**「パパ仕事してくるね」「行ってらっしゃい」**と礼二と娘さんのほのぼのシーンを挟み、博物館で合流した鉄道ファンとは別れて南海難波駅から住ノ江駅へ移動した。〝初恋の相手〟南海50000系「ラピート」に会いたい望乃さんの希望で、住ノ江検車区を訪問するのだ。

　50000系が目に入らぬよううつむきながら構内を歩く望乃さん。立ち止まり振り返ったその先には、初恋の「ラピート」の前衛的な先頭部が彼女を待っていた。車体に抱きつく望乃さんに、BIG4もほっこりとした思いを抱いた。

　南海のご厚意で運転席に座るサプライズもあり、さらに運転台に添乗したまま洗車機に入る体験もした望乃さんは大満足の旅だった。一方で今回はおもてなしに徹したBIG4は、**「次回は（運転台に）絶対乗るからな！」**と誓いを新たにした。

これまでの南海電車にはないスタイルの50000系「ラピート」。1997年に南海の車両として初めて鉄道友の会「ブルーリボン賞」を受賞した

一行を乗せた50000系は、洗車機に突入するサービスも

【登場した主な車両】

国鉄103系、80系、キハ81形、南海50000系

【笑神ポイント】

「本当に好き（ゴン!）」(望乃さん)。南海の職員に促されて「ラピート」の前面に抱きついたとき、首から提げていたカメラが車体にぶつかった。

【鉄道ネタ解説】

南海電鉄住ノ江検車区には50000系を始め、特急「サザン」用10000系・12000系、1000系、8000系など、南海本線の車両が配置されている。

運転台に添乗する望乃さんを見て、運転士になる野望を捨てきれず身もだえをする礼二

「鉄道BIG4」放送index

日本テレビ系列の「笑神様は突然に…」の鉄道BIG4は、鉄道ファンの芸能人による鉄道にこだわる旅で、人気の高いコーナーだ。ここでは、各回で乗車した車両を中心に解説する。

2013年1月1日(火)放送

地下鉄博物館と京急ドレミファインバーターを見る

出演者:宮川大輔、中川家礼二、吉川正洋、岡安章介、南田裕介

京急電鉄の「ドレミファインバーター」は、ドイツ・シーメンス製の機器を採用した車両が奏でた

記念すべき第1回目

東京メトロ東西線葛西駅の高架下にある地下鉄博物館を見学し、その後は京浜急行電鉄でVVVFインバータの音が特徴的な通称「ドレミファインバーター」搭載車両を探した。そして夜は秋葉原の鉄道居酒屋で、この日の労をねぎらった。

【乗車した車両】
京浜急行電鉄1000形(2代)

2002(平成14)年から営業運転を始めた。現在では京急で最も在籍数が多く、バリエーションも豊富である。

まず、1~5次車はアルミ車体の「アルミ車両」、6次車以降はステンレス構体の「ステンレス車両」に大別できる。共通する点は、

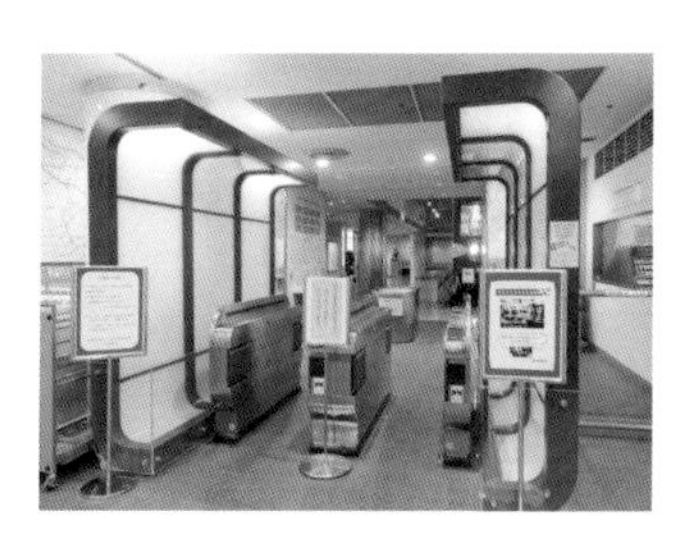

平日は無人改札機で入館するが、土・日曜・祝日はきっぷに鋏（はさみ）が入る有人改札になる

東京メトロ東西線葛西駅の高架下にある地下鉄博物館は、重要文化財に指定されている東京地下鉄道1000形、さらに営団地下鉄300形など、歴史的な車両が保存・展示されている

黄色の車両は日本初の地下鉄車両1000形、赤の車両は丸ノ内線300型の第1号車で301号車両。内装もピンクでかわいい

都営地下鉄浅草線乗り入れに対応し、客室はボックスシートの車端部を除き片持ち式のロングシートである。主要機器はVVVFインバータ制御でかご形三相誘導電動機を制御するが、1・2次車がGTOサイリスタ素子、3次車以降がIGBT素子を使用する。

番組でも取り上げられた発車時の「ドレミファ音階」はドイツ・シーメンス製の機器を使用した1・2次車が奏でるものだが、外国製品は部品交換などの点で難があるとして、日本製の機器に換装されている。

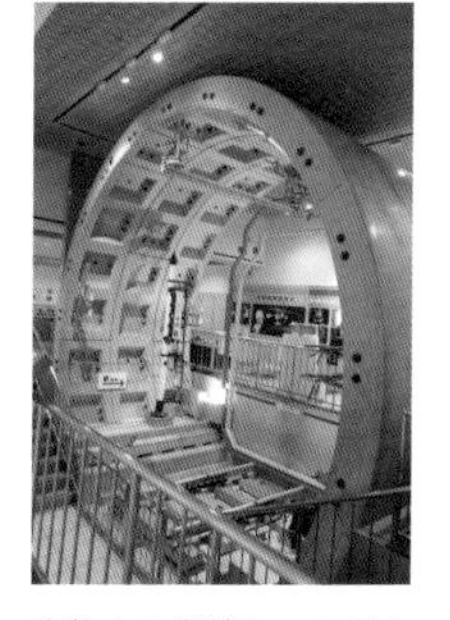

実物大の単線シールドトンネルが設置されている

2013年4月26日（金）放送

大阪鉄道まつり in 万博記念公園

出演者：宮川大輔、中川家礼二、吉川正洋、岡安章介、南田裕介

イベントの会場となった万博記念公園には、岡本太郎氏が制作した"太陽の塔"がシンボルとしてある

礼二さんが子どもさんに買ってあげようと思ったのに、お母さんに怒られるかもとは……

飛び入り参加したステージで、思わぬハプニングが続出ですよ

鉄道イベントに飛び入り

京阪電鉄「テレビカー」のお別れの後、大阪府吹田(すいた)市の万博記念公園で開催されている鉄道まつりにやってきた鉄道BIG4。2日間で約3万6000人が来場するイベントで、各鉄道会社のブースのほか、ステージ上ではチャリティーオークションも開催された。

ロマンスカーと箱根登山鉄道の旅

出演者：宮川大輔、中川家礼二、吉川正洋、岡安章介、南田裕介

箱根で鉄道趣味三昧

今回は、小田急電鉄が誇るロマンスカーLSE（7000形）に乗り、箱根へ向かう旅である。箱根湯本駅でモハ1形104号に乗車し、強羅駅へ。そこから大平台駅まで戻り、トレインウォッチングができる温泉宿で、鉄道三昧の午後を過ごした。

【乗車した車両】

小田急電鉄LSE（7000形）

1980（昭和55）年に登場した特急車。ロマンスカー伝統の連接構造で組成され、11両12台車となった。座席は横2＋2列の回転式リクライニングシートを配置し、喫茶コーナーが1編成に2カ所設置された。

70000形GSE導入に伴い、2018（平成30）年に定期運行を終了し、先頭車は2021（令和3）年に開業予定の「ロマンスカーミュージアム」で保存される予定。

箱根登山鉄道モハ1形

1919（大正8）年の箱根登山鉄道開業時のチキ1形を、1950（昭和25）年の小田急小田原駅乗り入れ時に改造した車両。現在はモハ104号＋モハ106号の2両固定編成となったが、2017（平成29）年に同形式のモハ103＋モハ107が廃車され、1編成のみが残されている。

鉄道BIG4が箱根湯本駅のカフェで時間をつぶしてまで待って乗車したモハ1形104号

真岡鐵道でSL列車に乗る

出演者：宮川大輔、中川家礼二、吉川正洋、岡安章介、南田裕介

首都圏でSLを堪能する

つくばエクスプレス（首都圏新都市鉄道）～関東鉄道～真岡鐵道と乗り継ぎ、つくばエクスプレスの時速130km運転、関東鉄道の気動車、真岡鐵道のSL列車を楽しんだ。

【乗車した車両】

首都圏新都市鉄道
TX-2000系

2005（平成17）年のつくばエクスプレス開業時から運用されている車両。TX-1000系が直流専用であるのに対し、TX-2000系は交直流両用である。

真岡鐵道モオカ14形

2002（平成14）年に導入された両運転台気動車。9両が在籍し、1・2号は富士重工製、3号以降は日本車輌製造製である。前面の灯類が貫通扉上に集中配置されているのが1・2号、左右に分散されているのが3号以降と見分けられる。ワンマン運転対応機器を搭載する。

真岡鐵道C12形66号機

1933（昭和8）年製で、1972（昭和47）年まで国鉄で活躍した。その後、福島県で静態保存されたが、真岡鐵道の活性化を目的に動態保存として復帰し、1994（平成6）年から「SLもおか」として営業運転を始めた。客車はJR東日本から譲受した50系客車である。

C12形66号機が牽引する「SLもおか」。まもなく終点の茂木駅に到着する

2013年8月30日（金）放送

伊豆急行の旅

出演者：宮川大輔、中川家礼二、吉川正洋、岡安章介、南田裕介

陽光きらめく相模灘を堪能

伊豆半島の東海岸に沿って延びる伊豆急行を旅する。下田では寝姿山（すがたやま）のロープウェイにも乗車し、伊豆高原駅に隣接する車両基地も訪ねた。

【乗車した車両】

伊豆急行2100系

1985（昭和60）年から営業運転を開始。「リゾート21」の愛称がある。客室は観光客をも配慮した構造で、海側の座席は窓に向かい、山側はボックスシートと、独特な座席配置が特徴。さらに先頭車には展望席を設置し、運転台越しに前面展望が楽しめる。

7両編成4本、8両編成1本が製造されたが、7両編成は2本が廃車、8両編成の「アルファリゾート21」は2017（平成29）年に、団体臨時列車用の「ザ・ロイヤルエクスプレス」に改造された。

JR東日本185系

国鉄時代の1981（昭和56）年に運用を開始した特急形車両で、通勤通学輸送にも対応できる車両として開発された。首都圏在来線の直流区間で日中は特急、朝夕ラッシュ時は通勤ライナーの使命を果たす。伊豆急行へは特急「踊り子」で乗り入れる。客室は横2＋2列の回転式リクライニングシートを配置する。

南田が乗りたかった、伊豆急行2100系5次車「アルファリゾート21」

2013年9月27日（金）放送

三陸「あまちゃん」旅

出演者：宮川大輔、中川家礼二、吉川正洋、岡安章介、南田裕介

朝ドラの舞台を旅する

2011（平成23）年3月11日の東日本大震災で大きな被害を受けた岩手県の三陸鉄道。NHK朝の連続テレビ小説「あまちゃん」の舞台となったことから、注目を集めた。

【乗車した車両】

三陸鉄道36-100・200形

三陸鉄道の気動車はすべて36形である。これは三陸と「36」をもじって形式番号としたもの。

当形式は国鉄型気動車に近い規格で製造された車体長18m級の軽快気動車で、両運転台車。当初は非冷房だったが、1999（平成11）年までに冷房化されている。

セミクロスシート車が36-100形、すべての座席が2人掛けリクライニングシートなのが36-1100形、座席がフリーストップタイプになったのが36-1200形など、細かな違いで番代が分けられている。

三陸鉄道36-2100形

36形気動車のうち、お座敷車両に改造されたものが当形式である。〝虎の子〟1両のみで、「さんりくしおかぜ」の愛称が付けられた。客室は掘りごたつタイプと全面畳敷きのいずれかが選べ、AV・カラオケ装置も設置された。2016（平成28）年に営業運転から退いた。

東日本大震災で大きな被害を受けた三陸鉄道は、震災から5日後には被害の少ない区間で列車の運行を始めた

九州新幹線と由布院の旅

出演者：宮川大輔、中川家礼二、吉川正洋、岡安章介、南田裕介

全部の電車が当たり

福岡県福岡市から大分県由布院をめざす。博多〜由布院間には直通列車があるが、今回は博多〜久留米間に九州新幹線を挟んだ。

【乗車した車両】

JR九州800系

2004（平成16）年の九州新幹線新八代〜鹿児島中央間開業と同時に登場したJR九州初の新幹線車両。700系をベースとしているが、35‰の急勾配に対応するため、全車が電動車となっている。白地に金色と、JR九州のコーポレートカラーである赤色を配した。

JR九州キハ71形

久大本線を経由した博多〜由布院〜別府間を結ぶ観光特急「ゆふいんの森」専用車両。客室はハイデッカー構造で見晴らしがよい。オリーブグリーンのメタリック塗装に金の帯をあしらった外装はゴージャスで、指定席が取りにくい。

JR九州キハ185系

元は国鉄末期の1986（昭和61）年に四国向けの特急形気動車として開発され、国鉄分割民営化後はJR四国に引き継がれた。JR九州へは1992（平成4）年にJR四国から譲渡され、特急「ゆふ」「あそ」で運用が開始された。

宮川も感激した特急「ゆふいんの森」。キハ71系とキハ72系の2編成が在籍する

2013年11月29日(金)放送

富士急行とリニア実験線の旅

出演者:宮川大輔、中川家礼二、吉川正洋、岡安章介、南田裕介

山梨県立リニア見学センターで、鉄道BIG4の目の前を最高500km/hで駆け抜けたリニア新幹線L0系

鉄道BIG4 未来に驚く

山梨県の大月駅から富士急行に乗って、河口湖方面へ旅をする。途中でリニア新幹線の実験線を見学し、超高速の時速500kmで走る車両に未来を見た。

【乗車した車両】

富士急行6000系・6500系

いずれも種車はJR東日本205系で、2012(平成24)年に運用を開始した。6000系は量産先行車、6500系は量産車を改造した。富士急では初の3両編成で、富士急への譲渡に際し、パンタグラフは従来の菱形からシングルアーム式に換装され、乗降扉は地域の気象条件に合わせて開閉ボタンが設置された。これにより、停車中に乗降扉を開けたままにせず冷気および暖気が逃げ

富士急行1000系は元京王電鉄5000系。2両編成の「富士登山電車」は1両ずつ内装に変化をつけている

鉄道BIG4が富士山〜富士急ハイランド間で乗車した6000系

にくくなった。両系列の外観上の見分けは、6000系は側窓が2段窓、6500系が1段下降窓である。

富士急行1000系

1993(平成5)年に京王帝都電鉄(現・京王電鉄)5000系を譲受し、2両編成化、寒冷地仕様化などの改造を施した車両。番組で鉄道BIG4が乗車した「富士登山電車」は、2009(同21)年から運用を開始した観光列車である。

2014年1月10日（金）放送

大井川鐵道 SLとアプト鉄道の旅

出演者：宮川大輔、中川家礼二、吉川正洋、岡安章介、南田裕介

大井川鐵道では、写真のC11形227号機をはじめ計4両のSLで、ほぼ毎日SL列車を運行している

ＳＬとアプト式の鉄道

　ＳＬ列車の運行で知られる静岡県の大井川鐵道で、関西私鉄の元特急車、ＳＬ列車、ラックレールの山岳路線を味わう。

【乗車した車両】

大井川鐵道１６０００系

　近畿日本鉄道南大阪線の１６０００系特急車を譲受し、大井川鐵道では普通列車として運行している。２両編成３本が大鐵入りしたが、２０２３（令和5）年は、１本が営業運転に就いている。ワンマン運転対応改造のほかは、車体カラーを含めて近鉄特急時代のまま残されている。

大井川鐵道Ｃ11形２２７号機

　１９４２（昭和17）年製のタンク機で、北海道の国鉄線で運用された。１９７５（同50）年に廃車

井川線の奥大井湖上駅を湖の対岸から俯瞰（ふかん）する。湖上に架かる鉄橋に挟まれた秘境駅だ

新金谷～家山間で乗車した、元近鉄南大阪線の特急用16000系

されたが、動態保存を進めていた大井川鉄道（現・大井川鐵道）に同年、譲渡され「SLかわね路」として営業運転を始めた。日本の復活SL第1号である。

大井川鐵道DD20形

山岳地帯に延びる井川線の列車の動力車。日本の鉄道車両として初めて、米国カミンズ製のディーゼルエンジンを採用した。千頭（せんず）駅側に連結され、井川駅側は制御客車が先頭に立つプッシュプルの編成を組む。

奥大井湖上駅に立つ幸せを呼ぶ鐘「Happy Happy Bell 風の忘れもの」。岡安と南田が鐘を鳴らした

2014年2月7日（金）放送

東急電鉄「のるレージ」イベント列車に乗る

出演者：宮川大輔、中川家礼二、吉川正洋、岡安章介、南田裕介
ゲスト：向谷 実、野月貴弘

鉄道BIG4と宮川が待ち合わせた元住吉駅改札階の屋上庭園。電車ウォッチングに最適の場所だ

「ヒカリエ号」で渋谷へ

東急電鉄から「のるレージ」サービスのイベント列車に招待された鉄道ＢＩＧ４。運転士を養成する「東急教習所育成センター」を見学後、元住吉（もとすみよし）～渋谷間を特別列車に乗車し、渋谷ではミュージシャンの向谷実（むかいやみのる）による記念コンサートを観覧した。

【乗車した車両】

東急５０５０系４０００番代

東急グループの一員だった東急車輛製造（現・総合車両製作所）が、１９９０年代に「人と環境にやさしい車両」をコンセプトに開発した車両の一群で、ＪＲ東日本Ｅ２３１系をはじめとする新系列電車と、主に構体設計を共通化してコストダウンを図ったのが東急５０００系列である。

鉄道BIG4が乗車した5050系4000番代の第10編成「Shibuya Hikarie号」

田園都市線（一部東横線）5000系、東横線5050系、目黒線5080系と分かれる。このうち、5000系4000番代は10両固定編成（1本のみ8両編成）で、第10編成が「のるレージ」イベントで使われた「ShibuyaHikarie号」である。

これは渋谷ヒカリエ開業1周年を記念した編成で、ほかの東横線車両と異なるゴールドをメインとした車体カラーは、異彩を放つ。

また、座席の背もたれの枕部分が丸く欠き取られていることも特徴となっている。

全通した三陸鉄道の旅

出演者：宮川大輔、中川家礼二、吉川正洋、岡安章介、南田裕介
ゲスト：長与航己

三陸鉄道36-701～703は、中東のクウェートからの支援で新造された

旅の出発点、久慈駅はJR八戸線との接続駅でもある

祝、三陸鉄道全線再開！

2014（平成26）年4月6日、三陸鉄道が全線で運転を再開した。今回はそれを祝って、2013（同25）年9月27日放送分では行けなかった、普代駅以南も訪ねる。

【乗車した車両】

三陸鉄道36-700形

東日本大震災により、盛駅に留置していた車両が廃車になった。これを代替する目的で、2013（平成25）年に中東のクウェートからの支援により投入された。

新潟トランシス製の軽快気動車で、客室はボックスシートが主体。トイレの前はロングシートである。側窓はトンネル騒音対策で固定窓となっている。運転台に車両の機器情報を表示するモニター装置が搭載された。

クウェートの支援により導入した初期の3両には、車両の前後にクウェートの国章を掲げ、側面に同国への感謝の言葉をアラビア語・英語・日本語で表記している。

その後、同形式は増備され、現在は8両が在籍する。

三陸鉄道36-Z形

2014（平成26）年に新製された、岩手の古民家をイメージしたお座敷車両。「さんりくはまかぜ」の愛称を持つ。

釜石〜宮古間がJRから三陸鉄道へ移管され、北リアス線と南リアス線に分かれていた久慈〜盛間が「リアス線」としてつながりました

2014年7月18日（金）放送

近畿日本鉄道の旅

出演者：宮川大輔、中川家礼二、吉川正洋、岡安章介、南田裕介
ゲスト：市川紗椰

2階建て車を中間に挟んだ30000系ビスタEX。鉄道BIG4は階下席に座を占めた

市川紗椰と待ち合わせた大和西大寺駅は、目を見張るほどポイントが多い

大和西大寺駅のポイントの数は、相変わらずすごいな

通勤車から観光列車まで

市川紗椰をゲストに迎え、京都から三重県の宇治山田駅、そして名古屋へ旅をする。その間に、近鉄の豊富な特急車に乗車する。

【乗車した車両】

近鉄1020系

近鉄奈良～大和西大寺間で乗車した。日立製GTO素子のVVVFインバータ制御装置を搭載する。

近鉄9020系

近鉄が「人に優しい、地球に優しい」「コストダウン」をコンセプトに開発した、次世代の通勤形電車「シリーズ21」のひとつ。

近鉄30000系「ビスタEX」

近鉄伝統の2階建て車両を組み込んだ特急形車両。1978（昭和53）年に登場し、国鉄の100系新幹線が登場するまで、国内唯

旅の締めくくりは50000系「しまかぜ」に乗車して名古屋へ向かった

一の2階建て電車だった。1996（平成8）年からリニューアルが施された。

近鉄50000系「しまかぜ」

大阪・京都・名古屋から伊勢志摩への誘客を企図して、2013（平成25）年にデビューした。「アーバンライナー」のデラックスシート以上の居住性を持つプレミアムシートが標準で、サロン席、和洋個室、カフェカーが連結されている。6両編成3本が高安検車区に配置。

「しまかぜ」の和風個室は、掘りごたつ式の座席が配置されている

2014年8月15日（金）放送

富山地方鉄道の旅

出演者：宮川大輔、中川家礼二、吉川正洋、南田裕介

鉄道パラダイス富山

北陸新幹線工事たけなわのJR富山駅前で待ち合わせた鉄道BIG4。JR駅を横目に富山地方鉄道の元京阪車・元西武車に乗り、富山駅に戻り半年後に運行が終了する寝台特急「トワイライトエクスプレス」をホームから見送った。

【乗車した車両】

富山地方鉄道10030形

元京阪電鉄初代3000系「テレビカー」を1990（平成2）年に譲受したもの。2014（同26）年には2階建て車両を中間に挟んだ3両編成が登場し、「ダブルデッカーエキスプレス」として運行している。

富山地方鉄道16010形

元西武鉄道5000系「レッドアロー」を、1995（平成7）年から翌年にかけて2本を導入した。当初は3両編成だったが、のちに2両編成に短縮された。2001（同23）年に第2編成が観光列車「アルプスエキスプレス」専用車として、3両編成に戻されるなどの改造工事を受けたことでも知られる。

富山地方鉄道7000形

富山地鉄の路面電車で、11両が在籍。ロケで乗車した7022号は、2014（平成26）年に観光列車「レトロ電車」へリニューアルされた。

京阪の初代3000系の車体色が残されている富山地方鉄道10030形「ダブルデッカーエキスプレス」。鉄道BIG4は電鉄富山～上市間で乗車した

2014年10月24日（金）放送

全国高等学校鉄道模型コンテスト

出演者：宮川大輔、吉川正洋、岡安章介、南田裕介
ゲスト：宮川大輔の父

鉄研だけでなく、地理研究部や女子の作品もありました

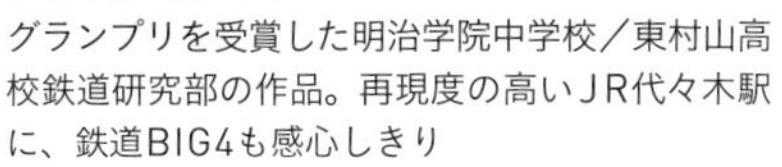

グランプリを受賞した明治学院中学校／東村山高校鉄道研究部の作品。再現度の高いJR代々木駅に、鉄道BIG4も感心しきり

写真提供＝全国高等学校鉄道模型コンテスト実行委員会

鉄道高校生夏の祭典

元相模鉄道の運転士という経歴を持つ、岩倉高校の大日方樹教諭（本コンテストの実行委員）の案内で、高校生が作った鉄道模型を見学した。

120校が参加し鉄道ジオラマ日本一競う大会で、来場者は2日間で1万5千人を超える。宮川父は鉄道模型を趣味としており、ロケに参加した。自作のレイアウトの写真を高校生に見せて感想を求めていた。

鉄道研究会だけでなく、地理研究部などからの力作も展示されていた。

2014年12月19日（金）放送

松山の路面電車と「伊予灘ものがたり」

出演者：宮川大輔、中川家礼二、吉川正洋、岡安章介、南田裕介
ゲスト：松井玲奈

鉄道BIG4と松井玲奈が大興奮で写真を撮った大手町駅のダイヤモンドクロッシング

真っ赤な夕焼けに感動

四国に初めて来た鉄道BIG4。伊予鉄道市内線の路面電車に乗り、JR四国の特急「宇和海」で伊予大洲駅へ、そして四国初の観光列車「伊予灘ものがたり」に乗り換え、海のそばに建つ下灘駅で、瀬戸内海に沈む夕陽を堪能する。

【乗車した車両】

伊予鉄道モハ2000形

元京都市電2000形。1979（昭和54）年から伊予鉄道に移籍。

伊予鉄道モハ50形

1951～65（昭和26～40）年にかけて製造された。老朽化により引退する車両が増えたが、現在でも15両が在籍する。

伊予鉄道「坊っちゃん列車」

松山の観光のシンボルとして、夏目漱石『坊ちゃん』に登場する

道後温泉駅に到着した「坊っちゃん列車」。先頭車はSLの形をしているが、ディーゼル機関車だ

下灘駅に到着した「伊予灘ものがたり」。鉄道BIG4がここで見た海に沈む夕陽は、彼らの思い出に残るはず

「マッチ箱のような汽車」を復元した車両。古町・JR松山駅前・松山市〜道後温泉間を走る。

JR四国2000系

速度を落とさずカーブを通過できる制御付き自然振り子機構を搭載する、JR四国の特急形気動車。

JR四国キロ47形

キハ47形を観光列車「伊予灘ものがたり」専用車として、レトロモダンをコンセプトに改造した。

2015年3月13日（金）放送

西武鉄道の旅

出演者：宮川大輔、中川家礼二、吉川正洋、岡安章介、南田裕介
ゲスト：松井玲奈

京急とのコラボで誕生した「RED LUCKY TRAIN」。礼二は流し撮りで41枚も撮影した

西武沿線の鉄道名所を見る

西武新宿駅から特急「小江戸」に乗車し、本川越駅へ。途中、西武鉄道本社や沿線にある鉄道名所を鉄道BIG4はめぐる。

【乗車した車両】

西武鉄道10000系

1993（平成5）年に登場した特急形車両。まず、新宿線特急「小江戸」として運行を開始し、次いで池袋線・西武秩父線特急「ちちぶ」「むさし」に充当された。

西武鉄道9000系

ラッシュの混雑が著しい池袋線向けに4扉10両固定編成として、1993（平成5）年に登場。西武所沢車両工場で製造された、最後の形式でもある。鉄道BIG4が清瀬駅で出会った赤い9000系は、京浜急行電鉄とのコラボで

西武新宿～所沢間で乗車した
10000系「ニューレッドアロー」。
写真は池袋線の特急「ちちぶ」。
現在、池袋線からは引退した

生まれた「RED LUCKY TRAIN」。

西武鉄道20000系

「環境と人にやさしい」をテーマに、2000（平成12）年に登場したアルミ車。電力消費量を抑えた設計になっている。

西武鉄道30000系

新しい西武鉄道を象徴する電車として、2008（平成20）年にデビューした。設計に女性社員の意見も取り入れられた。

10000系の車内は横
2+2列の回転式リクラ
イニングシートが並ぶ

2015年4月17日（金）放送

鉄道かるた発売イベント

出演者：宮川大輔、中川家礼二、吉川正洋、岡安章介、南田裕介

※現在、この商品は品切れです

読み手は大輔さんが務めました

子どもたちとかるた対決

公式フェイスブックで「読み札」を視聴者から募集し、さらに鉄道BIG4の「読み札」を加えたかるたが発売（現在、品切れ）された。礼二がプロデュースし、ららぽーとTOKYO-BAY（千葉県船橋市）で開催された鉄道フェスティバルに鉄道BIG4がお邪魔した。そこで、鉄道かるたの販売促進と子どもたちとかるた対決を行った。

わたらせ渓谷鐵道・上毛電気鉄道の旅

出演者：宮川大輔、中川家礼二、吉川正洋、岡安章介、南田裕介
ゲスト：松井玲奈、関 宏泰、渡辺裕紀

かるた大会優勝者との旅

4月17日放送の鉄道かるた大会で優勝した2人をゲストに迎え、わたらせ渓谷鐵道と上毛電気鉄道を旅する。松井玲奈は上毛電鉄赤城駅で合流し、大胡（おおご）駅の車庫で凸型電気機関車デキ3020形の体験運転を楽しんだ。

【乗車した車両】

わたらせ渓谷鐵道WKT-550形

トロッコ列車が人気のわたらせ渓谷鐵道が、機関車の機回しの必要がない自走式トロッコ車両として2012（平成24）年に導入した気動車である。番組ではこの車両で貸切運行した。

客室は木製のボックスシートが並ぶ。側面は開放式で、雨天時・冬季には着脱式の窓をはめ込むようになっている。

上毛電気鉄道700形

元京王帝都電鉄（現・京王電鉄）井の頭線の3000系を、1998～2000（平成10～12）年に導入した。2両編成8本が在籍する。中間車の先頭車改造や電装解除、先頭車の電装化など、大きな改造工事が施されているが、前面形状はオリジナルの京王3000系のスタイルを保ち、編成ごとに前面窓周りの色を変えている。

体験運転の後に綱引き対決をした上毛電鉄の凸型電気機関車デキ3020形は、自重が20tある

2015年6月12日(金)放送

熊本で懐かしい車両と出会う

出演者:宮川大輔、中川家礼二、吉川正洋、岡安章介、南田裕介
ゲスト:佐々木 希

「青ガエル」こと、元東急5000系(初代)。鉄道BIG4が車庫を訪れたのは、この車両に会うため

御代志駅で鉄道BIG4を待っていたのは、6000形「くまモンラッピング電車」

佐々木希に浮き足立つ

鉄道BIG4のコーナーが好きという佐々木希をゲストに、熊本電気鉄道の旅を楽しむ。くまモンラッピングの6000形、「青ガエル」こと5000形、JR熊本駅からは特急「A列車で行こう」に乗車した。

【乗車した車両】

熊本電鉄6000形

藤崎宮〜御代志間を走る、熊本電鉄の主力車両。種車は都営地下鉄三田線6000系。このうち、6238A編成が「くまモンラッピング車両」として、車内は化粧板や吊革にくまモンがあしらわれている。ロケでは座席にくまモンの大きなぬいぐるみが着席し、佐々木希が相席した。

佐々木希も感激した特急「A列車で行こう」は、天草連絡の使命も帯びている

「A列車で行こう」は
佐々木希ちゃんも気に
入ってくれましたよ

熊本電鉄5000形5101A

多くの地方私鉄へ譲渡された元東急5000系（初代）の最後の現役車両。晩年は上熊本～北熊本間の折り返しで運用され、2016（平成28）年で営業運転を終了、現在は動態保存車として在籍する。

JR九州キハ185系

JR四国からJR九州に売却されたキハ185系のうち、2両が特急「A列車で行こう」専用車両に改造された。金色と黒色のツートンの外装に、車内はステンドグラスが飾られ、バーカウンターも設けられた。

2015年7月3日(金)放送

長野県の旅“第二の人生”スペシャル

出演者:宮川大輔、中川家礼二、吉川正洋、岡安章介、南田裕介
ゲスト:松井玲奈

鉄道BIG4は長電10系新OSカーを見るため、わざわざ須坂駅で下車した

東京の電車が信州を走る

長野電鉄には元小田急ロマンスカー、元JR「成田エクスプレス」の車両が走っており、鉄道BIG4はそれらに会いに行った。さらに、しなの鉄道では車両基地で観光列車「ろくもん」の車内を見学した。最後は宿泊施設になったJR183系「あずさ」の先頭車を見学した。

【乗車した車両】
長野電鉄1000系

元小田急電鉄ロマンスカーHiSE10000形を2005(平成17)年に無償で譲受し、一部の中間車を抜いて4両編成化した。長野電鉄では「ゆけむり」として特急運用されている。

10000形は高床構造のためバリアフリー化が困難で、車歴

須坂駅から長野駅に戻る際に乗車した3500系は、元営団日比谷線3000系

善光寺下駅ですれ違った2100系は、元JR253系「成田エクスプレス」

しなの鉄道に移動し、車両基地で「ろくもん」を見学した

は若かったが、VSE（50000形）の導入に伴い淘汰の対象とされた。

　長電では先頭車の展望室など、小田急時代を踏襲し運用している。

長野電鉄3500系

　1992～97（平成4～9）年に、普通列車の増発と老朽化した車両の置き換えを目的に、営団地下鉄（現・東京メトロ）日比谷線の3000系を投入した。編成両数の違いで、2両編成は3500系、3両編成は3600系と称する。

長野電鉄では関東の車両が譲渡されて、元気にがんばっています

夏休みに乗りたい鉄道

出演者:宮川大輔、中川家礼二、吉川正洋、岡安章介、南田裕介

長野電鉄1000系「ゆけむり」の種車は、小田急10000形ロマンスカーHiSE。長電入線に際して4両編成に改造された

のと鉄道の観光列車「のと里山里海号」。観光列車として、また一般営業列車としても運用されている

僕と吉川さんで、のと鉄道の取材に行ってきました

おすすめ列車を一挙紹介

これまでの放送から、夏におすすめの鉄道をランキングで紹介した。博物館に展示されている車両や宿泊施設もあって、バラエティに富んだラインナップとなった。

❶ＪＲ四国キロ47形「伊予灘ものがたり」
❷ＪＲ西日本・ＪＲ東海285系「サンライズエクスプレス」
❸ＪＲ九州キハ185系「Ａ列車で行こう」
❹リニア・鉄道館 超電導リニアＭＬＸ01－1
❺一畑電車　デハニ50形
❻大井川鐵道「きかんしゃトーマス号」
❼のと鉄道ＮＴ300形「のと里山里海号」
❽近鉄50000系「しまかぜ」
❾熊本電鉄5000形5101A
❿長野電鉄1000系「ゆけむり」
⓫伊豆急行2100系「リゾート21」
⓬長野県上田市の民宿あずさ夢ハウス
⓭南海電鉄50000系「ラピート」
⓮三陸鉄道36－2100形「さんりくしおかぜ」
⓯キハ71形「ゆふいんの森」

内村は、小湊鐵道ロケで、壇蜜が乗車してきたときがいちばんであるとコメント。
また、この回では、吉川と南田がのと鉄道「のと里山里海号」のレポートを放送した。

「伊予灘ものがたり」で見た夕陽はステキやったな

寝台列車「サンライズエクスプレス」はもう一度乗りたいな

京都の鉄道を楽しむ

出演者：宮川大輔、中川家礼二、吉川正洋、岡安章介、松井玲奈、南田裕介
ゲスト：西村和彦

蒸気機関車とトロッコ列車

京都出身で、新幹線と貨物列車が好きな西村和彦をゲストに、梅小路蒸気機関車館を見学し、嵯峨野観光鉄道のトロッコ列車の旅を楽しんだ。

【乗車した車両】

智頭急行HOT7000系

中国山地を縦貫し、京阪神と鳥取をスピーディーに直結する智頭急行（上郡〜智頭間）の特急形気動車。カーブが多く山がちな線形でも高速運行を可能とするため、制御付き自然振り子機構と、ハイパワーエンジンを採用した。

今回の旅では大阪〜京都間を新快速電車に乗らず、あえて気動車特急のHOT7000系を選んだ。

JR西日本C62形2号機

東海道本線の優等列車牽引機として1948（昭和23）年に誕生。北海道での活躍を経て、一度は廃車となったが、梅小路蒸気機関車館（現・京都鉄道博物館）に転籍して車籍を復活させた。「SLスチーム号」の牽引機としても使用される。

嵯峨野観光鉄道トロッコ列車

山陰本線嵯峨〜馬堀間の旧線を観光鉄道として活用する同社の車両は、JR西日本から譲受したDE10形ディーゼル機関車と、無蓋貨車を改造したトロッコ客車5両で編成。

大阪から京都への移動に、新快速ではなく特急「スーパーはくと」に乗車した。

2015年9月18日(金)放送

西武鉄道の夜行列車に乗る

出演者:宮川大輔、中川家礼二、吉川正洋、岡安章介、松井玲奈、南田裕介

乗車までは訓練所を見る

今回でレギュラー放送は一区切りとなり、「笑神様は突然に…」は次回から特番での放送となる。

鉄道BIG4は、西武鉄道が運行する夜行列車に乗車した。この列車は、夜明け前の秩父(ちちぶ)・三峯(みつみね)神社で雲海・星空観賞ツアー向けに、池袋駅を深夜に出発するものだ。鉄道BIG4は所沢駅からの乗車前に、西武鉄道の鉄道係員を養成する研修センターを見学し、鉄道ファンの店主が営む食堂で夕食をとった。

夜行列車は深夜2時40分に西武秩父駅着。ホーム上で鉄道BIG4は感想を述べあった。

【乗車した車両】
西武鉄道10000系

ツアーに用意された車両は、初代特急車5000系「レッドアロー」のカラーリングを再現した、10000系10105編成「レッドアロークラシック」。車内の座席背面テーブルには、昭和40年代の西武沿線の写真を掲出した。

2011(平成23)年11月から運行を開始し、池袋線・西武秩父線を中心に走っていたが、001系「ラビュー」の登場により2020(令和2)年3月に同線から撤退し、新宿線で運用されている。

西武鉄道約40年ぶりの夜行列車に、10000系「レッドアロークラシック」が充当された

2016年9月24日（土）放送　Part 1

500 TYPE EVAと琴電の旅

出演者：宮川大輔、中川家礼二、吉川正洋、岡安章介、松井玲奈、南田裕介
ゲスト：東出昌大

電車運転に東出が大興奮

姫路駅からアニメ「新世紀エヴァンゲリオン」とコラボした500系新幹線に乗車し、岡山へ。瀬戸大橋線を渡り、香川県では高松琴平電鉄仏生山検車区で、電動貨車デカ1の運転を体験した。

【乗車した車両】

JR西日本500系

山陽新幹線で最高時速300km運転を実現した新幹線車両。2010（平成22）年からは東海道新幹線への乗り入れはなくなった。「500 TYPE EVA」はエヴァンゲリオン初号機をモチーフとしたカラーリングで、1号車にはエヴァンゲリオンの実物大コクピットが再現された。2017（同29）年5月で運行を終了した。

JR四国5000系

本四備讃線の快速「マリンライナー」専用車で、高松側の先頭車は2階建て車（2階席はグリーン車指定席）としている。

高松琴平電鉄1200形

種車は京浜急行電鉄700形で、2003（平成15）年から琴電が導入した。琴電入線にあたっては、4両編成から2両編成とする各種改造工事が施された。11本が在籍し、琴平線と長尾線で運用されている通勤形電車である。

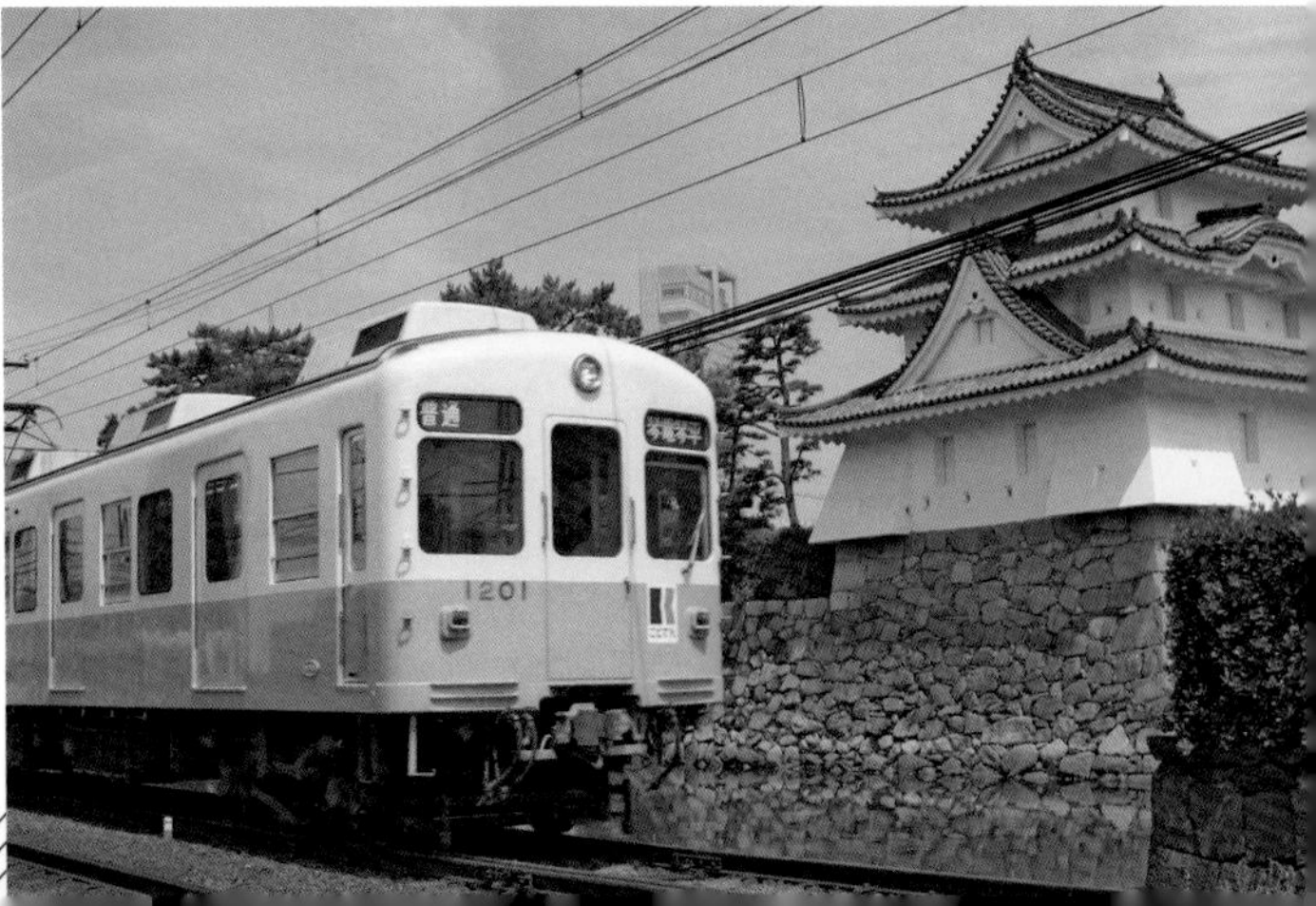

高松琴平電鉄1200形に高松築港駅から乗車した。種車は京浜急行700形

夜の新京成電鉄

出演者：宮川大輔、中川家礼二、吉川正洋、岡安章介、南田裕介
ゲスト：マツコ・デラックス

マツコ 地元の鉄道に乗る

この放送日は2部構成。「マツコさんに鉄道の楽しみ方を伝授したい」と意気込む南田に率いられ、新京成電鉄に乗車。くぬぎ山車両基地で車両のメンテナンスを見学し、マツコは車両を水平方向に移動させるトラバーサーの操縦を体験した。

【乗車した車両】

新京成電鉄8800形

新京成の主力車両で、1986（昭和61）年にデビューした。関東の電車ではいち早くVVVFインバータ制御を実用した車両でもある。当初はGTO素子を採用したが、2016（平成28）年から炭化ケイ素（SiC）素子に更新し、さらなる省力化を図った6両編成16本が在籍。2018（同30）年までに新塗装化が完了している。車体のジェントルピンクが映える。

新京成電鉄N800形

京成グループ標準車両をベースに設計・製作されたオールステンレス車。IGBT素子によるVVVFインバータ制御装置、回生ブレーキ併用純電気ブレーキを採用し、低騒音と省エネルギー化を図った。

鉄道BIG4が新津田沼（しんつだぬま）〜鎌ケ谷大仏（かまがやだいぶつ）間で乗車した車両は、白とジェントルピンクの新しいカラーリングをまとった編成だった。

マツコ・デラックスが知らなかった新京成の新しい車体デザイン

2017年5月1日（月）放送

道南で豪華列車と対面

出演者：宮川大輔、中川家礼二、吉川正洋、岡安章介、松井玲奈、南田裕介
ゲスト：小泉孝太郎、生駒里奈

茂辺地駅ではJR東日本が誇る豪華列車「TRAIN SUITE 四季島」の試運転に遭遇、一行は大興奮！

「四季島」が北海道へ上陸

小泉孝太郎（こいずみこうたろう）と生駒里奈（いこまりな）をゲストに、道南を旅する鉄道BIG4。新函館北斗駅から特急「スーパー北斗」に乗車し函館へ。市内は路面電車で周遊し、津軽海峡線を第三セクターに転換した道南いさりび鉄道へ。茂辺地（もへじ）駅で下車すると、試運転中のJR東日本の豪華列車「TRAIN SUITE（トランスイート） 四季島（しきしま）」に遭遇。一行は初めての「四季島」に大フィーバーとなった。

【乗車した車両】

JR北海道キハ261系

地方幹線区の特急向けに開発された車両で、空気ばねを調整することで振り子装置と同等のカーブ通過速度が得られる車体傾斜装置を搭載して製造コストを下げた。車体はオールステンレス製で、

ロケで使用した函館市電530号。2008年に当時の塗装に復元された

鉄道BIG4が乗車したキハ261系は、2015年から写真のような新デザインに変更されている

前頭部と乗降扉回りをコバルトブルーで塗装したが、2015(平成27)年から現行デザインに変更された。

函館市電500形

1950(昭和25)年から営業運転に就いている、函館市電で最も古い車両。ロケで使用した530号は、貸切運行にも対応している。

道南いさりび鉄道キハ40形

JRからの転換時に引き継いだ国鉄型の両運転台車である。

まさか北海道で「TRAIN SUITE 四季島」の試運転に出合えるとは……。玲奈ちゃんも生駒ちゃんも、小泉くんも興奮していたよ

2017年9月25日(土)放送

熊本でSL列車に乗る

出演者:宮川大輔、中川家礼二、吉川正洋、岡安章介、南田裕介
ゲスト:生駒里奈、叶 美香

大正生まれの8600形が牽引する「SL人吉」は、番組MC内村光良のふるさとを走る

内村のふるさとを訪ねる

番組メイン司会者、内村光良(うちむらてるよし)のふるさと、人吉を訪ねる旅である。肥薩(ひさつ)線の観光列車「SL人吉」で人吉駅で下車し、同駅に隣接するくま川鉄道の検修庫で気動車の運転を体験した。その後は、くま川鉄道に乗り、多良木(たらぎ)駅で下車して、寝台客車を宿泊施設とした「ブルートレインたらぎ」を訪れた。

【乗車した車両】
JR九州8620形
58654号機

1922(大正11)年製のテンダー式蒸気機関車である。現役時代は九州の各線で運用され、1975(昭和50)年に廃車。その後は人吉市で静態保存されたが、本線走行を目的に復元され、1988(昭和63)年に豊肥(ほうひ)本線「SLあ

人吉〜多良木間はくま川鉄道KT-500形「田園シンフォニー」に乗車

南田が紹介した14系寝台客車を宿泊所とした「ブルートレインたらぎ」。多良木駅のそばに位置する

そBOY」として復活した。
2009（平成21）年から肥薩線「SL人吉」として50系客車3両を従え、熊本〜人吉間を走っている。

くま川鉄道KTー500形

2014（平成26）年から導入された両運転台気動車。普通列車や観光列車「田園シンフォニー」として運用されている。5両が在籍し、車両ごとに季節のテーマ（春・夏・秋・白秋・冬）を設けて、車体色や内装を変えている。

2018年1月1日(月)放送

佐々木希と秋田へ想い出の旅

出演者:宮川大輔、中川家礼二、吉川正洋、岡安章介、松井玲奈、南田裕介
ゲスト:佐々木 希

秋田地区に投入されたEV-E801系。鉄道BIG4とゲストの佐々木希は二田〜秋田間で乗車した

初めて見る蓄電池電車

秋田県出身の佐々木希をゲストに、男鹿線から秋田新幹線、秋田内陸縦貫鉄道の旅を楽しんだ。

【乗車した車両】

JR東日本EV-E801系

非電化区間はバッテリーで、電化区間はパンタグラフを上げて架線から電力を得て走行する、蓄電池駆動電車。JR東日本は直流用にEV-E301系を製造し、EV-E801系は交流用である。

2017(平成29)年に秋田地区の奥羽本線・男鹿線で営業運転を開始。車体デザインは「なまはげ」をイメージしている。

JR東日本E6系

東京〜秋田間の新在直通運転用車両で、秋田新幹線「こまち」としてはE3系に次ぐ2代目。東北

佐々木希が里帰りでも利用している、秋田新幹線E6系「こまち」

田園地帯を走る秋田内陸縦貫鉄道AN8800形

新幹線内で時速320㎞運転を行うために開発され、東北新幹線区間ではE5系・H5系と併結運転を行う。

秋田内陸縦貫鉄道
AN-8800形

1988(昭和63)年に導入された両運転台の軽快気動車。客室はセミクロスシート。秋田犬をラッピングした「犬っこ列車」も在籍する。AN-8808はイベント対応として掘りごたつと畳をフレキシブルに設置できる。

2018年4月4日(水)放送

長崎で岡安をドッキリにかける

出演者:宮川大輔、中川家礼二、吉川正洋、岡安章介、松井玲奈、南田裕介
ゲスト:広瀬アリス、上野耕平

長崎電気軌道300形310号「みなと」。岡安は乗車している鉄道BIG4に気づかなかった

偽番組に最後まで気づかず

ロケ中の発言が少ない岡安に「冠番組」とのドッキリを仕掛けた。そのほかの鉄道BIG4とゲストは路面電車で長崎をめぐり、長崎駅からは「或(あ)る列車」に乗車。岡安は最後まで偽ロケだとは気づかなかった。

【乗車した車両】

JR九州885系

博多〜長崎間の特急「かもめ」用に開発された車両で、制御付き自然振り子機構を搭載している。革張りの座席、くつろぎの空間を設けるなど、高速・快適な車両とした。

長崎電気軌道700形

元都電2000形で、1985(昭和60)年に都電時代のクリーム色に赤帯のカラーに復元された。

岡安を除く一行が乗車したJRKYUSHU SWEET TRAIN「或る列車」。鉄道BIG4は長崎駅での初遭遇からワクワクが止まらなかった

長崎電気軌道300形

1953（昭和28）年製の自社発注車である。このうち310号が長崎市の「路面電車魅力向上費補助」の助成を受けてリニューアルされた。愛称は「みなと」。ロケでは310号を貸切電車として使用した。

JR九州キロシ47形「或る列車」

明治時代に九州鉄道が米国に発注した客車を元に、JR九州がキハ47形気動車を種車に改造した。車体は金色で飾られ、内装もゴージャス。観光列車として運行されている。

2018年9月27日（木）放送

賀来賢人と新潟県へ

出演者：宮川大輔、中川家礼二、吉川正洋、岡安章介、松井玲奈、南田裕介ゲスト：賀来賢人、廣田あいか

2つのリゾート列車に乗車

1997（平成9）年に開業した北越急行と、北陸新幹線開業に伴いJRから第三セクターに転換したえちごトキめき鉄道を旅する。

【乗車した車両】

北越急行HK100形

北越急行ほくほく線開業時から運用されている車両で、北陸新幹線金沢開業まで運行されていた特急「はくたか」の高速運転を支障しないように、高い走行性能を有する。このうち100番代は、トンネルが多いほくほく線を逆手にとって、天井に映像を上映する「ゆめぞら」とした。鉄道BIG4は「ゆめぞら」に乗車し、映像を楽しんだ。

えちごトキめき鉄道ET122形

JR西日本キハ122形をベースに製造された車両で、1000番代が、BIG4が乗車した「えちごトキめきリゾート雪月花（せつげっか）」である。

主要機器は従来車と同等だが、内外装が大きく異なり、赤系統の車体色に、日本最大級の大きな窓を配置し、田園・山岳・日本海と変わる車窓が堪能できる。

2両編成の1号車は日本海側の窓に向けたラウンジ形式の座席配置。2号車はレストランカーとなり、2人用・4人用のボックス席が用意された。大窓からの展望が魅力的な観光列車である。

今回の旅のシメに選ばれたえちごトキめき鉄道ET122形1000番代。観光列車「えちごトキめきリゾート雪月花」として運行されている

鉄道ミステリードラマに挑戦

出演者：宮川大輔、中川家礼二、吉川正洋、岡安章介、松井玲奈、南田裕介
ゲスト：早見あかり、上野耕平、馬場ももこ　ドラマ出演：木下ほうか

南田企画のドラマを放送

今回はこれまでの放送と趣が異なり、南田が企画・主演の鉄道ミステリードラマを、鉄道BIG4とゲストで演じるという主旨で進んだ。舞台は能登半島である。

【乗車した車両】

JR西日本キハ48形「花嫁のれん」

2015（平成27）年秋に実施された北陸デスティネーションキャンペーンに合わせて運行を開始した。

キハ48形2両編成を種車に、「和と美のおもてなし」をコンセプトに、外装を輪島塗や加賀友禅をイメージとしたものとした。1号車は半個室を8区画設置。2号車はオープン座席とし、イベントスペースが設置されている。

列車名の「花嫁のれん」は、石川県の風習として、娘の幸せを祈って嫁ぎ先に渡される嫁入り道具のひとつにちなむ。

のと鉄道NT300形

2015（平成27）年に2両編成で登場した、観光列車「のと里山里海号」専用車両。車体は能登の海をイメージした青色をまとっている。

客室はボックスシートを配置し、各所に沿線の伝統工芸品をあしらった。観光列車のほか、平日は普通列車の運用にも就く。

七尾線の観光特急「花嫁のれん」を舞台に、ミステリードラマは進行していった

引退した列車

JR四国キロ47形（P.129）

長野電鉄10系新OSカー（P.136）

長野電鉄3500系（P.137）

引退決定！

JR九州58654号機（P.146）

車体カラーが変わった列車

伊豆急行2100系（P.113）

近鉄30000系「ビスタEX」（P.124）

伊予鉄道700系（P.128）

西武鉄道9000系（P.130）

西武鉄道10000系（P.141）

「笑神様は突然に…」 鉄道BIG4全放送リスト

	放送日	内容	掲載頁
1	2013年　1月1日（火）	地下鉄博物館と京急ドレミファインバーターを見る	P.108
2	2013年 4月19日（金）	さようなら京阪テレビカー	P.74
3	2013年 4月26日（金）	大阪鉄道まつり in 万博記念公園	P.110
4	2013年 5月24日（金）	ロマンスカーと箱根登山鉄道の旅	P.111
5	2013年 6月21日（金）	真岡鐵道でSL列車に乗る	P.112
6	2013年 8月30日（金）	伊豆急行の旅	P.113
7	2013年 9月27日（金）	三陸「あまちゃん」旅	P.114
8	2013年10月25日（金）	九州新幹線と由布院の旅	P.115
9	2013年11月29日（金）	富士急行とリニア実験線の旅	P.116
10	2014年 1月10日（金）	大井川鐵道 SLとアプト鉄道の旅	P.118
11	2014年　2月7日（金）	東急電鉄「のるレージ」イベント列車に乗る	P.120
12	2014年 3月21日（金）	丸ごと1時間鉄道スペシャル	P.77
13	2014年 4月11日（金）	初恋の南海「ラピート」	P.104
14	2014年 5月16日（金）	全通した三陸鉄道の旅	P.122
15	2014年 7月18日（金）	近畿日本鉄道の旅	P.124
16	2014年 7月25日（金）	内村さんと房総半島横断の旅	P.80
17	2014年 8月15日（金）	富山地方鉄道の旅	P.126
18	2014年10月10日（金）	寝台列車に乗って出雲へ	P.83
19	2014年10月24日（金）	全国高等学校鉄道模型コンテスト	P.127
20	2014年 11月7日（金）	京成スカイライナーと新京成で駅員体験	P.86
21	2014年12月19日（金）	松山の路面電車と「伊予灘ものがたり」	P.128
22	2015年 2月20日（金）	一度は乗りたいストーブ列車	P.89

番組スタッフ

演出
石﨑史郎
森　伸太郎

ディレクター
徳江雄一

チーフプロデューサー
横田　崇

プロデューサー
藤崎一成
柏原萌人
我妻哲也

企画・演出
福田逸平太
黒川　高

制作協力
極東電視台

製作著作
日本テレビ

	放送日	内容	掲載頁
23	2015年 3月13日（金）	西武鉄道の旅	P.130
24	2015年 4月10日（金）	近江鉄道とリニア・鉄道館の旅	P.92
25	2015年 4月17日（金）	鉄道かるた発売イベント	P.132
26	2015年 4月24日（金）	わたらせ渓谷鐵道・上毛電気鉄道の旅	P.133
27	2015年 6月12日（金）	熊本で懐かしい車両と出会う	P.134
28	2015年 7月3日（金）	長野県の旅“第二の人生”スペシャル	P.136
29	2015年 7月17日（金）	お座トロ展望列車とプロレス列車	P.95
30	2015年 8月7日（金）	夏休みに乗りたい鉄道	P.138
31	2015年 9月4日（金）	京都の鉄道を楽しむ	P.140
32	2015年 9月18日（金）	西武鉄道の夜行列車に乗る	P.141
33	2015年12月23日（水）	チーム鉄道BIG4 in 台湾	P.98
34	2016年 9月24日（土）	Part1　500 TYPE EVA と琴電の旅	P.142
35	2016年 9月24日（土）	Part2　夜の新京成電鉄	P.143
36	2017年 5月1日（月）	道南で豪華列車と対面	P.144
37	2017年 9月25日（月）	熊本でSL列車に乗る	P.146
38	2018年 1月1日（月）	佐々木希と秋田へ想い出の旅	P.148
39	2018年 4月4日（水）	長崎で岡安をドッキリにかける	P.150
40	2018年 9月27日（木）	賀来賢人と新潟県へ	P.152
41	2019年 1月1日（火）	岡安ドッキリ企画 Part 2 in 京都	P.101
42	2019年 4月4日（木）	鉄道ミステリードラマに挑戦	P.153
43	2020年 1月1日（水）	富士山を望む絶景路線“富士急行線”の旅	P.57
44	2023年 1月29日（日）	3年ぶりのロケ復活！ 常盤貴子と行く佐賀・長崎の旅	P.9

おわりに

「鉄道ＢＩＧ４」の４人が全員そろって鉄道雑誌に初めて登場したのは、『旅と鉄道』２０２０年増刊９月号でした。タビテツ編集部の初のロケ密着取材は、放送後にコロナ禍に突入してしまい、日の目を見ることも難しく、どんどん時間だけが経っていきました。そして、ようやく刊行までこぎつけたことを覚えています。

このような状況下のなか、結成10周年という記念すべき年に、４人は3年ぶりのロケを実施。本書は、日本テレビ系「笑神様は突然に…」のオフィシャルブックとして〝10周年旅〟も加え、パワーアップしてお届けしています。「鉄道ＢＩＧ４」は、永遠に不滅です。これからも、鉄道愛をみなさんにお伝えしていくことでしょう。

気づけば結成10年！
これからも大好きな
鉄道と共に鉄道BIG4も
並走していきます！

中川家礼二
（中川家）

みなさま、
これからも鉄道BIG4・
笑神様号へのご乗車
お待ちしております！

吉川正洋
（ダーリンハニー）

全国の鉄道たちと
駆け巡ったあっという間の
10年でした！
15周年やりましょう！

岡安章介
（ななめ45°）

鉄道も鉄道BIG4も
未来に向けて
進化していきます！
ご期待ください！

南田裕介
（ホリプロマネージャー）

装丁・本文デザイン
岡 睦、更科絵美（mocha design）

撮影協力
金盛正樹

編集協力
平賀哲尉、武田元秀、藤田晋也

編集
矢島美奈子（「旅と鉄道」編集部）

出版プロデューサー
将口真明（日本テレビ）

※本書は『旅と鉄道』2020年増刊9月号「鉄道BIG4の旅」（天夢人発行）を再編集し、一部、新規記事を掲載しました。一部の写真ならびに文章において、現在と景観や状況が経年変化している駅、スポットなどがありますのでご留意ください。

結成10周年！ 鉄道ＢＩＧ４の旅

二〇二三年一〇月二一日 初版第一刷発行

編 者 「旅と鉄道」編集部
発行人 藤岡 功
発 行 株式会社天夢人
〒一〇一－〇〇五一 東京都千代田区神田神保町一－一〇五
https://www.temjin-g.co.jp/
発 売 株式会社山と溪谷社
〒一〇一－〇〇五一 東京都千代田区神田神保町一－一〇五
印刷・製本 大日本印刷株式会社

◉内容に関するお問合せ先
「旅と鉄道」編集部 info@temjin-g.co.jp 電話〇三－六八三七－四六八〇
◉乱丁・落丁に関するお問合せ先
山と溪谷社カスタマーセンター sarvice@yamakei.co.jp
◉書店・取次様からのご注文先
山と溪谷社受注センター
電話〇四八－四五八－三四五五 FAX〇四八－四二一－〇五一三
◉書店・取次様からのご注文以外のお問合せ先 eigyo@yamakei.co.jp

●定価はカバーに表示してあります。

Printed in Japan
ISBN 978-4-635-82529-0